KB037622

회사에 이익인 사람
회사에 손해인 사람

최고의 인재채용 전문 컨설턴트가 말하는

회사에 이익인 사람
회사에 손해인 사람

야스다 요시오 지음 | 이윤혜 옮김

시간과공간사

옮긴이 **이유혜**

서울대학교를 졸업한 뒤 번역가로 활발한 활동을 하고 있다. 역서로는 <잡담의 기술(생각의 나무)> <영업왕(다리미디어)> <제국호텔 주방장 이야기(한언)> 등이 있다.

최고의 인재채용 전문 컨설턴트가 말하는

회사에 이익인 사람
회사에 손해인 사람

1판 1쇄 | 2003년 8월 25일
1판 2쇄 | 2003년 9월 20일
지은이 | 야스다 요시오
옮긴이 | 이유혜
펴낸이 | 임재원

편 집 | 김소정, 천미선
마케팅 | 강갑원

펴낸곳 | 시간과공간사
등 록 | 1988년 11월 16일(제1-835호)
주 소 | 서울 마포구 신수동 340-1(201호)
전 화 | (02) 3272-4546~8
팩 스 | (02) 3272-4549
E mail | tnsbook@empal.com

ISBN 89-7142-151-7 03320

▶ 잘못 만들어진 책은 구입하신 곳에서 바꾸어 드립니다.

이 책을 펼쳐 든 여러분은 '일 잘하는 사람'인가요? 아니면 '일 못하는 사람'인가요? 물론 저는 여러분이 어느 쪽에 속하는지 알 수 없습니다. 그러나 혹시라도 이 책을 통해 '일 잘하는 사람' 쪽으로 조금이라도 다가서고 싶다면 책을 읽기 전에 어드바이스를 하나 해 드리고 싶습니다. 그것은 바로 '바꾸려는 의지'입니다.

성장이란 변화입니다.

자그마한 애벌레가 커다란 애벌레로 자라는 것을 성장이라고 하지는 않습니다. 왜냐하면 능력에 별다른 차이가 없기 때문입니다. 그러나 애벌레가 번데기로 변하고 나비가 되어 날개를 펴고 비로소 하늘을 날게 되면 성장했다고 합니다. 성장이란 바로 그런 것입니다.

일도 마찬가지입니다. 당신이 아무리 표면적인 지식과 잔재주를 키운다 해도 그것은 단지 커다란 애벌레가 되는 것과 같습니다. 아무리 노력해도 나비가 되어 하늘을 날아다니지는 못합니다. 중요한 것은 과연 당신 스스로 변할 수 있는가 하는 점입니다.

'변화'하려면 '용기'가 있어야 합니다. 한번 '나비'가 되어 버린 당신은 두 번 다시 '애벌레'로 돌아갈 수 없기 때문입니다. 성장하려면 어제까지의 자신을 버려야 합니다. 그것도 자신의 한 부분이 아니라 모든 것을 버려야 합니다. 그렇지 않으면 새로운 자신은 태어나지 않습니다. 머리만 나비가 될 수는 없으니까요.

이렇게 말하는 저 역시도 사실은 '변하지 못하는 커다란 애벌레'였습니다. 남보다 훨씬 요령이 나쁜 주제에 그래도 내 방식이 옳다고 고집부리는 인간이었습니다. 사람은 누구나 변화를 싫어합니다. 나는 나 자신을 부정하는 것이 두려워서 지금까지 나를 긍정하면서 동시에 성장할 수는 없는 것일까 발버둥치고 있었습니다.

그러나 결국 변하지 않으면 성장할 수 없다는 사실을 10년 만에야 겨우 깨달았습니다. 지난 10여 년의 시간을 헛되이 보낸 것이지요. 돌이켜 보면 그 세월 동안 저는 성장이라고 할 만큼의 성장을 거의 하지 못했습니다. 그런데 막상 변하고 나서 깜짝 놀랐습니다. 내가 10년간 그토록 버리기 싫어했던 것들이 사실은 너무나도 초라한 것이었음을 알았기 때문입니다. 다이아몬드라고 믿고 소중히 간직해 왔는데 알고 보니 돌멩이였던 것입니다.

세상은 변하고 있습니다. 어제까지 옳았던 일이라고 해서 오늘도 옳다고 단정할 수는 없습니다. 불과 얼마 전까지 '필요한 인재'라고 평가받던 사람이 하루아침에 '불필요한 사람'이 되어 버리기도 합니다. 불경기라서 그런 것은 결코 아닙니다. 모든 것이 변하고 있고, 변했기 때문입니다.

종신고용이 사라져 버린 지금, '회사에 꼭 필요한 인재'라는 것은 의미가 없습니다. 혹시라도 회사가 평생 동안 당신을 책임지겠다고 약속 하더라도 그 회사가 계속 존재한다는 보장이 없습니다. 이제는 정당한 기준으로 평가 받은 '유능한 사람'이 되어야 합니다. 그래서 이 책에 그 기준과 방법을 가능한 한 알기 쉽게 정리했습니다.

지금까지 '유능한 사람'이라고 인정받던 사람은 자신을 부정하고 바꾸는 것이 힘들지도 모릅니다. 그러나 하늘을 날기 위해서는 번데기에서 탈피하고 나비가 되어야 합니다. 커다란 애벌레는 언제까지나 날개를 갖지 못하니까요.

영국의 생물학자 다윈의 명언이 생각납니다.

"살아남는 것은 '강한 종'도 '우수한 종'도 아니다. 오로지 '변화하는 종'만
이 살아남는다."

당신이 진정한 의미의 '유능한 사람'이 되기까지, 이 책이 조금이나마 도움이 되길 바랍니다.

야스다 요시오

CONTENTS

II. 이런 사람이야말로 진정한 '인재'

III. '유능한 사람들'의 관심을 모으는 기술

Ⅳ. '일 잘하는 사람'이 회사를 변화시킨다

I

'일 잘하는 사람'과 '일 못하는 사람'을 둘러싼 착각

세상에서 월급을 가장 많이 주는 회사로 만들자

회사를 꾸려 가는 것은 보통 힘든 일이 아니다. 지금 같은 불경기에 매상이 쉽게 늘어날 리 없고, 하청 업체들은 앓는 소리를 해대니 원가삭감도 이제 한계선에 이르렀다. 상황이 이쯤 되면 경영진은 급한 대로 인건비에서 허리띠를 졸라매자는 뻔한 해결책을 내놓는다.

'인건비를 줄이면 회사 운영이 훨씬 수월해지겠지. 그보다 더 고마운 일이 어디 있겠어?'

혹시 당신도 이렇게 생각하고 있는 것은 아닌지? 실제로 많은 경영자들이 이런 생각에 젖어 있는 것이 현실이다.

"가능한 인건비를 줄입시다! 세상에서 가장 인건비가 적게 드는 회사로 만듭시다."

필자는 이런 사고방식이야말로 회사가 간판을 내리게 되는 지름길이라고 생각하며 살아남기 위해서는 사람에게 투자하는 것 외에 다른 방법이 없다고 생각한다. '내 회사를 일본, 아니 세상에서 가장 월급을 많이 주는 회사로 만들고 싶다'는 생각이야말로 회사를 살릴 수 있는 기본자세라고 믿는다. '이렇게 힘든 때 무슨 그런 황당한 말을 하는 거야? 월급을 가장 많이 준다고?'라며 속으로 비웃을지도 모른다. 그럼 이제부터 그 이야기를 시작해 보자.

나는 지금까지 채용 컨설턴트 일을 통해서 천 명 이상의 사장과 2만여 명의 구직자들을 만났다. '와이큐브'라는 컨설팅회사를 창업한 지도 어느덧 12년, 주된 업무는 벤처기업이나 중소기업의 채용을 돕는 일이다. 이제 옥석을 가려내고 추천하는 일이라면 어느 정도 자신 있다. 채용을 도와 준 사장으로부터 "당신이 추천해 준 사원이 역시 일을 잘하더군요."라는 인사도 자주 듣는다.

과연 내가 사람을 평가하는 기준은 무엇일까? 좋은 사원이란 어떤 사람일까?

한마디로 '흑자를 내는 사원'이다. 그들은 입사 2, 3개월 만에 자신의 월급 이상의 실적을 올린다. 그리고 빠르면 입사 1년 만에 5, 6년차 선배사원을 추월한다. 상상해 보자. 5년이나 근무한 선배가 신입에게 추월당하는 기분을……. 다시 제자리로 돌아가려 해도 후배는 저 멀리 앞서가 있다. 현실적으로 도저히 당해 낼 기미가 안 보이면 단념하고 회사를 그만두는 선배사원도 많다. 그러므로 능력 있는 신입사원이 많이 들어올수록 물갈이가 활발해진다고 볼 수 있다.

후배에게 추월당한 선배사원은 이렇게 말할지도 모른다. "괜찮습

회사에 이익인 사람 회사에 손해인 사람

니다. 후배가 저보다 일을 잘하는데 당연한 일이지요." 그런 용기 있는 사람이라면 당장은 추월당한 것처럼 보여도 다시 분발할 수 있는 힘이 있는 사람이다. 그렇지만 대부분 "지금의 고객을 확보한 것은 접니다." 혹은 "길은 내가 먼저 터놓았는데……"라며 추월당한 사실과 그 신입사원을 높이 평가한 상사에 대해 억울한 감정을 갖는다. 그리고 여전히 자신의 무능함에 대해서는 깨닫지 못한다.

한편, 선배를 추월한 신입사원은 자신의 능력이 인정받고 있음을 눈치 채고 정당한 평가를 요구한다. 그때 만약 회사가 은근슬쩍 넘어가려고 한다면? 당연히 사표를 내고 자신의 가치를 인정해 주는 다른 회사로 옮겨갈 것이다.

능력 있는 사람을 놓치는 것은 회사로서 큰 손실이다. 그런 의미에서 유능한 사원이 그만두는 회사는 변명의 여지가 없다.

그렇다면 직원 모두가 오랫동안 근무하는 회사는 과연 바람직할까? 이곳 역시 또 다른 문제가 숨어 있다. 무능한 사람들은 갈 곳이 없어서 회사를 그만두지 못한다. 가장 바람직한 형태는 유능한 사원이 그만두지 않는 회사다.

그런 회사를 만들기 위해서 필요한 것은 무엇일까? 무엇보다 능력을 제대로 평가해야 한다. 여기서 말하는 올바른 평가란 승진은 물론이고 구체적으로는 보수를 올리라는 의미다. 인재를 다른 회사로 빼앗기기 전에 정당히 평가해 주고 월급도 올려야 한다. 도요토미 히데요시도 처음에는 그의 미천한 태생 때문에 부하가 많지 않았다. 그러나 전쟁을 치를 때마다 공을 세운 부하에게 그에 상응하는 상을 내려

부하의 충성심을 키워 갔다. 그는 물질적 보상에 약한 부하들의 심리를 이용할 줄 아는 사람이었다.

보수를 높이면 인건비가 오르는 것은 당연하다. 회사에 유능한 직원이 많으면 많을수록 인건비 부담은 커지게 된다. 그렇지만 인건비를 늘려야 한다는 것은 그만큼 능력 있는 직원이 많아졌다는 뜻이다. 이것이야말로 '기뻐해야 할 상황'이 아닐까?

하지만 많은 경영자들은 이를 제대로 파악하지 못하고 있다. 인재가 이동하는 구조적 메커니즘을 머리로는 이해하면서도 그 필요성에 대해 피부로 느끼지 못하는 것 같다. 말은 "실력으로 평가하는 시대"라고 하면서 연공서열을 쉽게 고치지 못하는 것을 보면 알 수 있다.

앞서 말한 것은 내가 기업의 경영진들에게 늘 강조하는 내용이다. 이제는 회사 스스로 변하지 않으면 살아남기 힘들다.

얼마 전까지 부하 직원이었던 사람이 어느 날 갑자기 자신의 상사로 부임한다면 누구라도 받아들이기 힘들다. 그렇다고 유능한 직원을 그냥 방치하고 내버려 둘 수만도 없다. 회사의 입장에서 그런 인재를 놓치는 것은 큰 손실이기 때문이다. 그러면 어떻게 해야 하는가? 이때 필요한 대책은 회사가 체질을 바꾸는 것이 아니라 타사를 그만둔 인재를 찾아내는 일이다.

그런 점에서 스포츠는 오로지 실력으로만 평가받는 냉정한 세계다. 자이언츠에서 급성장한 아베 포수를 보자. 신인 1년 차 때는 경험 많은 선배가 다른 여러 면에서 앞서 있었다. 그러나 자이언츠는 2, 3년 후를 내다보고 아베 선수를 영입했다. 그의 잠재력과 성장 가능성을 높이 평가하고 키우기로 한 것이다. 예상대로 그는 실력으로 이를 증명해 주었고 기대에 부흥하는 성장을 했다. 그리고 아베 선수의 연봉은 훌쩍 뛰어올랐는데 지난해 성적을 다음 해 연봉에 곧바로 반영하는 평가 시스템이기에 가능한 일이었다.

나는 서두에 "나의 회사를 일본에서 가장 인건비가 많이 드는 회사로 만들고 싶다."고 했다. 이것은 단순히 월급을 많이 준다는 의미가 아니라 가장 뛰어난 인재를 모아서 회사를 만들면 인건비의 지출도 최고가 될 것이라는 뜻이다. 보수가 높으면 회사에 인재가 모이고, 회사는 그들의 활약으로 성장한다. 그러면 인건비는 더욱 오르고……. 이렇게 기분 좋은 순환이 시작된다.

오너의 80%가 잘못된 교육을 하고 있다

수학교육으로 유명한 '구몬 수학'. 지금은 그 노하우를 국어, 영어 등 다른 교육에까지 넓혀 그 유명한 '구몬학습'이 된 것을 알고 있는가? 구몬의 기본철학은 아이들이 이해할 수 있는 단계부터 시작해 성취감을 맛보게 한 다음 조금씩 어려운 단계로 옮겨가는 것이다. 초등학교 저학년생도 꾸준히 구몬을 배우면 산수가 아닌 수학문제를 풀 수 있다.

비결은 무엇일까? 바로 본인의 실력보다 약간 높은 수준의 문제를 주는 것이다. 즉 성취감을 느끼면서 동시에 도전하는 즐거움과 의욕을 북돋아 주는 것이 키포인트다.

이러한 기본 철학은 기업의 사원교육에도 적용시킬 수 있다. 그러나 이를 실천하는 기업은 드물다. 나는 지금까지 많은 사장들과 만났지만 모두 나름대로 경영철학이 있었고 '십인십색'이라는 말처럼 자기만의 개성이 있었다. 일을 잘 하는 사람, 그렇지 않은 사람이 있었으며 외길과 과묵함을 내세우는가 하면 편안하게 차를 마시며 대화하는 것을 좋아하는 사람 등 실로 다양했다. 그래서 새로운 회사가 내게 채용을 의뢰할 때마다 이번 사장은 어떤 사람일까 하는 즐거운 기대를 하곤 한다.

그런데 아무리 개성과 철학이 다른 사장들이라 할지라도 한 가지 공통점이 있었다. 경영자들의 80%가 사원교육을 잘못하고 있다는 사실이다. 정말 놀라운 일이다. 그들은 하나같이 '구몬'과 정반대의 교육을 하고 있었다.

경영자들의 주장은 이렇다.

"100이라는 에너지를 갖고 있는 직원에게 100 이상의 일을 시키면 업무의 질이 떨어진다. 그래서 조금 여유를 주는 대신 질을 높이고 싶다."

이는 초등학생에게는 어려울 테니 한 자릿수 덧셈만 가르치겠다는 것이나 마찬가지다. 직원을 위하는 마음이 오히려 그들의 발전을 가로막고 있는 것이다.

100을 해내는 직원에게 1년간 90의 일을 시켰다고 가정하자. 1년 후 그의 에너지는 분명히 100에서 90으로 떨어질 것이다. 그렇다면 120의 일을 맡긴다면 어떨까? 1년이 지나면 120 정도는 거뜬히 해낼 수 있게 될 것이다. 100에서 120으로 성장할 수 있는 직원이라면 140도 소화해 낼 수 있다. 그렇게 그 직원은 발전해 나간다. 이는 몸을 단련하는 훈련으로 생각하면 이해하기 쉽다. 팔굽혀펴기를 30회 할 수 있는 사람이 있다. 만일 그가 꾸준히 매일 25회씩 한다면 그의 실력은? 안타깝지만 영원히 제자리다. 그렇지만 35회를 목표로 정하고 열심히 노력해서 성공하면 그 다음은 40회를 목표로 정할 수 있게 된다. 그리고 이런 식으로 조금씩 목표를 높이고 성취해 가는 훈련을 반복하면 100회까지도 가능하게 된다.

그러나 조심해야 할 점은 '목표를 실력보다 약간 높이' 정하는 것으로 20% 정도가 적당하다. 5~10%는 너무 부담이 없고 50%는 지나치게 무거워 중압감에 눌려 포기해 버릴 위험이 있다.

자기 실력의 80% 정도만 발휘하는 일을 계속 하다 보면 아무래도 느슨해지고 '힘들게 해냈다'는 충족감을 느낄 수 없다. 그런 생활을 수년간 지속한다면 두 번 다시 100 이상의 일을 할 수 없다. 물론 처음에는 120이 벅찰지도 모른다. 그렇지만 10년 후에는 오히려 120이 양에 차지 않는 체질로 변하게 된다. 그리고 시간이 지나면 실력은 200, 300까지 올라간다.

잠재된 실력을 끌어내는 것이야말로 직원 교육의 참된 의미가 아닐까?

99%의 노력보다 1%의 재능이 더 좋은 이유

발명왕 에디슨은 "나의 발명은 1%의 재능과 99%의 노력으로 이루어졌다."라는 명언을 남겼다. 이 말을 듣는 대부분의 사람들은 이렇게 이해한다. '발명왕도 99%의 노력이 있었기에 가능했구나. 그래, 가장 중요한 것은 노력이야.' 물론 에디슨도 그런 뜻을 전하고 싶었을 것이다.

그런데 에디슨의 말에 고개를 끄덕이면서도 인재채용 컨설팅을 생업으로 하는 나로서는 아무래도 '1%의 재능' 쪽에 귀가 솔깃해진다.

오너들이 인력을 부탁할 때 빼놓지 않고 하는 말이 있다.

"우리 일은 머리가 좋지 않아도 됩니다. 끈기와 책임감이 강하고 야심만만한 사람이면 됩니다. 그렇다고 머리가 너무 나쁘면 곤란합니다."

여기서 주의할 점은 '머리가 너무 나빠서는 안 된다'는 부분이다.

오너들은 아주 바보만 아니면 노력에 따라 어떻게든 된다거나 남보다 끈기가 있으면 머리가 나빠도 된다고 생각하는 모양이다.

그러나 나는 경험을 통해서 노력을 아끼지 않으며 책임감도 남보다 강한데 실적은 늘 제자리인 사람을 여럿 보았다. 다시 말해 99%의 노력도 중요하지만 1%의 아주 작은 재능도 중요하다는 말이다.

상품개발에서 가장 필요한 능력은 '창의력'이다. 영업에도 고객의 요구와 필요를 파악하는 '마케팅'과 '커뮤니케이션' 능력이 필요하다. 그런데 대부분의 오너들은 바보만 아니면 된다고 생각한다. 얼마나 위험천만한 생각인가? 재능은 바보가 아니라고 해서 모두가 1%씩 갖고 있는 것이 아니다. 0%인 사람도 의외로 많다. '아주 작은 재능'을 지닌다는 것은 그만큼 어려운 일이다.

'모차르트 암살설'을 바탕으로 만들어진 영화 '아마데우스'에는 천재 작곡가 모차르트와 그를 질투한 작곡가 살리에르가 나온다. 신에게 간절히 기도하고 여자를 멀리하고 몸을 정결히 하면서 오로지 작곡에만 매달려도 모차르트를 따라잡을 명곡을 만들지 못하는 살리에르. 한편, 술과 여자에 취해 살면서도 힘들이지 않고 후세에 남을 명곡을 만들어 내는 모차르트. 필사적으로 피아노 앞에 앉아 있는 살리에르의 모습은 애처롭기까지 하다. 그런 면이 '1%의 재능을 갖지 못한' 대부분의 관객으로부터 공감을 불러일으킨 것은 아닐까? 물론 모차르트는 아주 특별한 경우다. 현실적으로 뛰어난 예술가 중에서 노력하지 않고 재능만으로 성공한 사람은 거의 없다. 노력이 중요하지 않다는 것이 아니라 다만 아무리 노력해도 재능이 없어서 열매를 맺지 못하는 사람도 많다는 것을 알리고 싶다.

성공하려면 '피나는 노력'과 '아주 약간의 재능', 이 두 가지 모두 필요하다. 에디슨의 말을 다시 한 번 기억해 보자. 혹시 그가 정말로 말하려던 뜻은 이런 것이 아니었을까?

> "나의 발명은 피땀 어린 노력이 있었기에 가능했다. 천재라는 말로 쉽게 생각하면 곤란하다. 그렇지만 재능이 전혀 없다면 아무리 노력해도 소용 없다. 발명을 하려면 10%까지는 아니더라도 최소한 1%의 재능은 있어야 한다."

04

한 사람 채용하는 데 2백만 엔 들면 비싼 걸까?

해마다 수십만 명의 졸업생이 취업문을 두드린다. 그런데 "우리 회사에는 왜 눈에 띄는 인재가 찾아오지 않을까?"라고 한탄하는 중소기업 경영자가 많다. 이런 경영자들은 이미 속으로 '유능한 사람과 만나는 것은 순전히 운에 달렸다'고 포기하고 있지 않을까?

연세가 지긋한 경영자일수록 회사가 직원을 고용해 준다는 생각을 한다. 아니 이러한 생각이 뿌리 깊게 박혀 있다. 이들은 상대방이 머리를 숙이고 입사하는 것이 당연하다고 생각한다. 그러니 이런 생각을 갖고 있는 경영자가 운영하는 회사에 유능한 사람이 모일 리 없다. 눈을 크게 뜨고 적극적으로 찾지 않는다면 유능한 사람은 절대로 오지 않는다.

거품경기 이후, 일하는 사람들의 가치관이 크게 변했다. 경영자가 나를 채용했다고 생각하는 사람들이 점점 줄어들고 있다. 자세한 이야기는 뒤에서 하겠지만 유능한 사람일수록 그렇게 생각하지 않는다. 거품이 사라지고 아무리 취업난이 심각해져도 이것은 변하지 않는 진리다. 언제 어디서나 주도권을 쥔 쪽은 유능한 사람이다. 사는 쪽보다 파는 쪽이 유리한 시장이다. '판매자 시장'이라고 하면 이해될까?

실업률이 10%까지 올라가도 유능한 사람들은 눈 하나 깜짝하지 않는다. 그러므로 스스로 머리를 숙이고 제발 고용해 달라며 찾아오는 사람들은 대부분 실력이 없는 경우라고 보아도 좋다.

고용자가 구직자에게 숙이고 들어가는 것에 대해 거부감을 느끼는 경영자들로서는 난처한 일이다. 하지만 이쪽에서 와 달라고 부탁할 만큼 우수한 사람을 찾아야 한다. 회사야말로 바로 그런 인재를 원하는 것이 아닌가? 그런 사람들로만 회사를 만든다면 이후에는 경영자가 신경을 쓰지 않아도 알아서 굴러가고 발전한다.

경영자들도 이론상으로는 인재와 이익이 밀접한 관계가 있다는 것을 안다. 그러나 노력은 하지 않고 운에 맡기고, 채용에 적절한 예산을 두지 않는 현실을 보면 과연 그들이 "기업의 운명은 인재의 손에 달려 있다."라고 말할 자격이 있는지 묻고 싶어진다.

그렇다면 기업이 어느 정도의 비용을 들여야 진지하게 인재를 찾는다고 말할 수 있을까? '세계 최고의 인재라면 지구를 샅샅이 뒤져서라도 찾아내겠다'는 각오로 그만한 노력과 비용이 들여야 한다. 업종에 따라 조금씩 차이는 있지만 우리 회사의 경우, 매년 인재 한 명을 채용하는 데 약 2백만 엔이 든다. 다섯 명을 채용하는 데 드는 비용은 천만 엔. 비싼 걸까, 싼 걸까?

예를 들어 그 사람이 10년간 일한다고 가정해 보자. 10년 동안 그 사람에게 드는 비용은 5천만 엔 정도이다. 이것은 실력과 무관한 고정비용이고 유능한 사람을 채용할 때 드는 2백만 엔을 추가하면 총 5천 2백만 엔이다. 한편, 채용에서 돈을 아낀다 해도 한 사람에게 10년간 드는 고정비용은 변함없이 5천만 엔. 긴 안목으로 보면 결국 2백만 엔의 차이다. 유능한 인재가 가져올 이익을 생각한다면 2백만 엔은 차라리 싼 편이 아닐까?

생각해 보면 별 볼일 없는 사람이 2, 30년씩 회사에 다니는 것이야말로 비싼 월급을 도둑질하는 셈이다. 진심으로 회사의 발전을 원한다면 입사 후에 실시하는 연수나 교육에 돈을 들일 것이 아니라 차라리 그 돈을 채용할 때 미리 투자하는 것이 효과적이다. 인재는 간단한 연수만으로도 충분하지만 그렇지 않은 사람은 아무리 비싼 연수를 시켜도 결코 유능한 인재가 될 수 없기 때문이다.

'가쓰노리'는 영원히 '요시다'가 될 수 없다

인재는 스스로 자라는 것일까 아니면 주변 환경에 의해 그 렇게 키워지는 것일까?

사람들은 프로야구 야쿠르트의 명포수, 지금의 요시다 선수를 키 워 낸 사람은 노무라 감독이라고 말한다. 그러나 내 생각은 다르다. 만약 감독이 남다른 시간과 노력을 들여 요시다 선수를 훌륭한 포수 로 키워 냈다면 어째서 감독의 친아들, 가쓰노리는 훌륭한 포수가 되 지 못했을까? 분명히 노무라 감독은 누구보다 많은 애정을 쏟으며 더 열심히 아들을 지도했을 것이다. 그런데도 가쓰노리는 명포수가 되지 못했다.

그 원인은 무엇일까? 다름 아닌 '소질' 때문이다. 요시다는 노무라 감독을 만나서 그의 가르침을 토대로 성장했지만 가쓰노리는 오히려 더 좋은 환경 속에 있으면서 발전하지 못했다.

나는 기업에 추천한 많은 사람들이 입사 후 어떻게 일하고 있는지 조사해 보았다. 그 결과 안심하고 추천한 사람들은 역시 회사에 공헌하고 있었고 불안하다고 평가한 사람들은 예상대로 그럭저럭 일하고 있었다. 염려하던 사람이 좋아진 경우는 한 사람도 없었다. 실력을 발휘하는 인재들은 처음부터 그만한 소질을 보였다는 증거다.

많은 경영자들은 "저 녀석은 내가 키웠어. 처음 입사했을 때는 인사도 제대로 못해서 속으로 얼마나 걱정했다고."라고 말한다. 대부분이 직원의 발전을 자신의 공으로 돌린다. 부하직원이란 윗사람이 잘 가르쳐 주어야 클 수 있다고 생각하기 때문이다. 그러나 제대로 인사하는 법을 가르쳤다 하더라도 기본이 부족하면 그 이상은 발전하지 않는다. 자신이 키웠다고 자랑하는 부하직원도 알고 보면 스스로 큰 인재들인 것이다.

'채용했을 땐 그저 그랬는데 유능한 직원이 되었다.'라고 평가받는 직원도 면접 때 자신의 능력을 미처 다 보여 주지 못했을 뿐이다.

그런데 잊지 말아야 할 것은 '가쓰노리'는 '요시다'가 되지 못하지만 '요시다'는 '가쓰노리'가 되어 버릴 위험이 많다는 점이다. 아무리 좋은 재능이 있어도 환경이 받쳐 주지 않으면 꽃피울 수 없다.

한 가지 예로 현재 미국 메이저리그에서 활약 중인 이치로 선수를 들 수 있다. 그는 일본 프로야구팀 오릭스에 입단한 후 한동안 등판 기회를 얻을 수가 없었다. 타구 자세를 고치라는 상부의 지시를 거부하다가 구단에 도움이 안 되는 선수로 찍히고 말았기 때문이다. 그런데 오기 감독을 만나면서 이치로 선수는 당당히 메이저그리에서 활약할 수 있는 실력을 갖추게 되었다. 이치로 선수는 자신의 변화에 대해 "감독님은 제가 원하는 방식으로 하도록 지켜봐 주셨습니다."라고 말했다. 바로 그 점이다. 그것이 그에게 딱 맞는 방법이었던 것이다. 안목이 없으면 훌륭한 그릇을 알아보지 못하는 것처럼 명감독이 아니면 뛰어난 소질 역시 제대로 키워 낼 수 없다.

소질도 중요하지만 교육 환경도 무시할 수 없다는 점을 꼭 기억해 주기 바란다.

06

'경력자=일을 잘 한다'라는 공식은 엉터리

인재를 네 가지 유형으로 나누어 보면 다음과 같다.

· 일 잘하는 경력사원
· 일 못하는 경력사원
· 일 잘하는 신입사원
· 일 못하는 신입사원

그렇다면 오너가 원하는 인재는 어떤 유형일까? 당연히 '일 잘하는 경력사원'이다. 일 잘하는 경력사원은 어디서든 즉시 능력을 발휘할 수 있기 때문이다. 그런 사람들로만 회사를 만든다면 최고의 회사가 될 수 있다고 생각한다. 그리고 '일 잘하는 신입사원'의 경우, 즉시는 아니지만 장차 능력을 발휘할 잠재력이 있는 인재다. 그런데 '일 못하

회사에 이익인 사람 회사에 손해인 사람

는 신입사원'은 조금 애매하다. 현재도 그렇고 미래에도 반드시 능력을 발휘한다는 확실한 보장이 없다.

한 가지 기억할 점은 '일 잘하는 경력자'가 채용시장에 나오는 경우는 거의 없다는 사실이다. 그 이유는 크게 세 가지로 설명할 수 있다.

첫째, 일을 잘하는 경력자는 불가피한 상황이 아니면 그만두려고 하지 않는다. 그들은 주위의 기대를 한 몸에 받으면서 동시에 보람을 느끼며 일한다. 그만둘 이유가 없다.

둘째, 일을 잘하는 경력자는 대우를 충분히 받고 있다. 그러므로 월급에 대한 불만이 없다.

셋째, 일을 잘하는 경력자는 대부분 옮길 회사를 미리 정해 놓고 직장을 그만둔다. 유능한 사원은 재직 중에 여러 곳으로부터 유혹을 받기 마련이다. 또 자신의 활약을 기대하는 곳에서 일하는 편이 보람 있고, 스스로 다른 회사를 찾는 것보다 조건도 좋다.

이와 같이 능력 있는 경력자가 채용 시장에 자발적으로 나타나는 일은 드물다.

대부분의 경영자는 일을 잘할 것이라고 믿고 경력자를 채용하지만 실제로는 '일 못하는 경력자'들이 상당수다. '경력자는 일을 잘한다'는 잘못된 믿음 때문이다. 재미있는 사실이 하나 있다. 일을 못하는 경력자일수록 스스로 일을 잘한다고 착각하는 경향이 짙다는 것이다. 그래서 경험이 짧은 신입사원에게 자신의 업무 처리 방법이나 사고방식을 알려 주고 싶어 한다. '이런 식으로 하면 된다.', '아니 그럴 땐 이렇게 생각해야지.' 등 자신의 잘못된 방법을 그대로 가르친다.

```
능력
↑
        일 잘하는 신입사원          일 잘하는 경력사원
           잠재 능력                   능력 발휘

        일 못하는 신입사원          일 못하는 경력사원
            능력 밖                     손해
                                                    → 경력
```

　이러한 착각, '나는 일을 잘하는 사람'이라는 잘못된 생각으로 인해
그들은 스스로 '우수한 인재'가 될 수 없다는 사실을 깨닫지 못한다.
자신이 일을 못한다는 현실을 안다면 부족한 부분을 깨닫고 잘하려
는 노력이라도 할 텐데 그러지도 못한다.

　일 못하는 경력자에게 배운 신입사원은 또다시 일 못하는 경력자
가 될 위험성이 크다. 능력 없는 경력자는 주위에 나쁜 영향을 끼치
며 무능한 사원들을 무수히 만들어 내므로 회사로서도 난처한 일이
아닐 수 없다. 직장에 피해를 주는 경력자는 '힘이 되는 존재'가 아니
다. 어디까지나 '해가 되는 존재'라는 인식을 하고 멀리해야 할 사람
들이다. 이미 귀가 따갑도록 강조했지만 어떠한 경우라도 일 못하는
경력자는 절대 채용하지 말길 바란다.

회사에 이익인 사람 회사에 손해인 사람

적극적으로 일을 만들어 오는 사람이 있는가?

"회사에 도움이 될 수 있는 유능한 인재를 보내 주십시오."

오너들은 하나같이 이렇게 부탁한다. 그렇다면 어떤 사람이 유능한 인재일까? '경험이 풍부한 사람', '힘 있고 목소리가 큰 사람', '명랑하고 쾌활한 사람', '체력이 좋고 끈기가 있는 사람' 등 오너의 머릿속에 있는 인재의 모습은 가지각색이다. 그러나 이 중에 "이것이 바로인재의 조건이다."라고 자신 있게 말할 수 있는 것은 없다.

인재를 '일 잘하는 사람', '회사에 이익을 가져다주는 사람'이라고정의한다면 '일 못하는 경력자', '일은 못하지만 힘은 있는 사람', '일은 못해도 밝은 사람', '열심히 최선을 다하지만 일을 못하는 사람'들은 안됐지만 아무짝에도 쓸모없다.

"면접 때 건강하고 활기찬 모습이 마음에 들어서 채용했는데……."

라고 한탄하는 오너에게 나는 "활기가 넘치는 것을 채용기준으로 삼아서는 안 됩니다.'라고 충고한다. 그 '활기' 때문에 자칫 잘못하면 다른 중요한 부분을 놓칠 수 있기 때문이다.

'일 잘하는 사람'에도 등급이 있다. 우선 첫 번째는 기업이 바라는 일을 정확히 이해하고 기대치를 소화해 내는 '일 잘하는 인재'다. 이들은 보통 한 회사에 약 20% 정도 있으며, 이것을 '2대 8의 법칙'이라고 한다. 다시 말해 20%의 유능한 사람들이 나머지 80%를 먹여 살린다는 뜻이다. 즉 직원의 80%가 지시받은 일을 만족스럽게 처리하지 못해도 일 잘하는 직원이 20%만 있으면 일단 기업은 유지된다는 말이다.

그러나 이것은 현상유지를 할 수 있는 상태이고 기업 입장에서는 이보다 한 단계 높은 수준의 인재가 필요하다. 바로 '적극적으로 일을 만들어 오는 사람'이다. 지시받은 일을 완벽하게 처리할 수 있는 사람이 아무리 많아도 스스로 일을 만들어 오는 인재가 없으면 회사는 성장하지 않는다. 처음에는 오너가 사업계획을 짜고 영업방법도 일일이 고안해 낸다. 오너가 만든 사업 계획을 충실히 실행할 수 있는 사람이 늘어나면 회사는 직원 수 100명 정도의 규모까지 커진다. 그러나 문제는 그 다음이다. 새로운 비즈니스를 만들어 오는 인재의 손에 기업의 성장 여부가 달려 있기 때문이다.

지시대로 수행하는 사람은 어렵지 않게 찾을 수 있다. 적어도 다섯 명 중 한 명 정도는 있기 때문에 새로운 비즈니스를 창출해 내는 인재를 찾는 것보다 비교적 쉽다. 그렇지만 여전히 전직 희망자 중에서 발견하는 것은 쉽지 않다.

회사에 이익인 사람 회사에 손해인 사람

그 희소성에 대해서 한 헤드헌터^{기업의 최고경영자·임원·기술자 등 고급·전문 인력을 이들}
^{을 필요로 하는 업체에 소개해 주는 것을 헤드헌팅이라고 하고, 이런 일에 종사하는 민간 소개업자들을 '헤드헌터(head}
^{hunter)'라고 한다}가 이렇게 설명해 주었다.

"어떤 회사라도 '일 잘하는 사람'이 20% 정도는 있다. 그 중 동일
업종에서 다른 직장으로 옮겨도 변함없이 일을 잘하는 사람은 5%이
다. 그리고 다른 업종으로 전직하는 사람 중에서 업종과 관계없이 일
을 해 내는 사람은 20% 중 0. 5%라고 볼 수 있다. 천 명에 한 명 꼴
인 셈이다. 그래서 영업직은 핵심인력이 필요할 때마다 키워 내는 수
밖에 없다."

인재는 오너와 의견충돌이 있거나 회사의 부도로 직장을 옮기는
경우에도 인력 시장에는 잘 나타나지 않는다. 정말로 일을 잘하는 사
람은 구인광고를 들여다보지 않는다. 가만히 있어도 모셔 가겠다는
곳이 줄을 서서 기다리고 있으므로 헤드헌터나 인맥을 통해서 옮길
회사를 결정해도 충분하다.

따라서 기업은 비용이 많이 들어도 유능한 인재를 원한다면 헤드
헌터에게 의뢰해야 한다. 아니면 경영자의 인맥을 동원해서 설득해서
데리고 오는 수밖에 없다.

내가 신입사원 채용을 고집하고 그렇게 추천하는 이유도 경력사원
중에서 일 잘하는 사람을 찾는 것이 현실적으로 힘들기 때문이다.

"전직은 곧 경력이다."라고 말 못하는 속사정

　　최근 일본에서는 고용방법이 변하고 있다. 종신고용도 연공서열도 무너지고 있다는데 과연 사실일까?

　예전에 비해서 "자격을 취득하고 실력을 쌓아서 커리어를 높여라." 라고 충고하는 전문가와 전직경력을 자랑하는 사람이 많아졌다. 이제는 직장을 자주 바꾸는 사람치고 제대로 된 인간이 없다는 말은 더 이상 통하지 않는 시대인 것 같다. 그렇지만 나는 반대의견을 갖고 있다. 채용관련 일을 하면서 전직 희망자 중에 좋은 인재를 찾아내는 것이 얼마나 어려운지 실감했기 때문이다.

　무엇보다 유능한 사원이 회사를 그만두는 일은 거의 없다. 전직 희망자들에게서 회사를 그만둔 이유를 들어보면 대부분 소극적이고 설득력이 없다.

　"아무리 열심히 일해도 인정해 주지 않았습니다."라든지 "구석자리

회사에 이익인 사람 회사에 손해인 사람

에 앉혀 놓고 일다운 일을 맡겨 주지 않았습니다."처럼 유능한 사원에게는 절대로 있을 수 없는 이유가 대부분이다. 아무리 인정받으며 일하고 싶다고 요구해 봐야 실력이 있다고 믿는 사람은 본인들뿐이다.

일을 잘하는 사람은 이런 이유로 회사를 그만두지 않는다. 앞일을 생각해서라도 더욱 깔끔하고 원만하게 끝을 맺고 나온다. 일하다 보면 언제 어디서 어떻게 옛 직장 동료와 마주칠지 모른다. 따라서 그럴 경우 "저런 비겁한 인간은 신뢰할 수 없다."라는 평가를 들을 수도 있으니 무책임하게 사표를 던지지 않는다.

일본의 경우, 채용시장에 나오는 구직자의 대부분은 피라미드를 예로 들면 가장 아래쪽에 있는 사람들이다. 그 중에서 일 잘하는 사람을 찾아낸다는 것은 사막에서 바늘 찾기다. 솔직히 거의 불가능하다.

적극적으로 직장을 바꾸지 않는 것은 일본인 특유의 체질이다. 일본은 한 사람의 노하우가 회사 전체로 퍼진다. 이에 반해 미국은 자신의 노하우를 남에게 알리지 않는다. 이것은 경력을 높이고 유리한 조건으로 직장을 옮기려는 미국인과 회사를 위하는 일본인의 차이로 이해할 수 있다. 일본인은 능력 있는 인재가 되길 원하는 동시에 동료, 조직과도 조화를 이루어야 한다고 생각한다.

일본에서는 아직까지 헤드헌터의 위상이 높지 않다. 산업 스파이처럼 취급당하는 경우도 많다. 그러나 구미에서는 헤드헌터를 'Executive Search'라고 해서 의사, 변호사와 같이 높이 평가한다.

앞으로 일본 사회에서도 헤드헌터가 인정받게 된다면 대기업의 부장이나 과장급 사람들이 벤처 기업으로 대거 이동하는 시대가 올지도 모른다. 그 편이 양쪽 모두에게 이익이기 때문이다.

그러나 일본 내에서 '유능한 인재의 적극적인 이동'이 실현되려면 아직은 넘어야 할 산이 많다. 이런 이유 때문에 "전직은 곧 경력으로 쌓인다."라고 말하기가 조심스러울 뿐이다.

유능한 사람부터 회사를 옮긴다고?

'재취업희망 신입사원'이란 졸업 후 들어간 첫 직장을 1, 2 년 만에 그만둔 젊은 인재를 말한다. 간혹 그런 인재들을 소개해 달라고 주문하는 오너들이 있는데 '젊은 인재가 빨리 와 주면 좋겠다. 내년, 내후년까지 기다릴 여유가 없다'는 것이 이유다. 이에 부탁을 받고 몇 번인가 소개했지만 기대에 미치는 인재가 없었다.

생각해 보면 알 수 있다. 사회생활을 1, 2년 경험한 초년생이 무슨 도움이 되겠는가? 그런 사람일수록 자신이 일을 잘한다고 착각하기 일쑤이며, 경험을 내세워 자기 식대로 일하려고 한다. 그래서 오히려 경험 없는 신입사원보다 일을 가르치는 시간이 더 든다.

고백하건대 나도 '리쿠르트'에 입사한 지 2년 만에 그만둔 과거가 있다. 유학생활 중에 샐러리맨과 자영업을 저울질하다가 자영업 쪽으로 마음이 기울었다. 그래서 귀국 후 리쿠르트에 입사하면서 처음부터 딱 2년만 일하고 독립하기로 마음먹었던 것이다. 하지만 그럼에도 불구하고 지금은 리쿠르트에서 일했다고 밝히기가 부끄럽다. 사회인으로서 첫 2년은 의미가 없다는 사실을 누구보다 잘 알기 때문이다.

일반적으로 한 분야에서 인정받으려면 최소 7, 8년에서 10년의 경력을 쌓아야 한다. 그 정도의 경력은 되어야 커리어를 살려서 떳떳하게 다른 회사로 옮길 수 있다.

재취업희망 신입사원이 환영받고 유능한 사람부터 먼저 퇴사한다는 것은 말도 안 되는 소리다. 전직이 많다고는 하지만 실제로는 그중 30% 정도가 진짜 유능한 인재들이고 나머지는 피라미드 저변의 사람들이 비슷비슷한 회사를 전전긍긍하는 것뿐이다.

만일 내 의견이 의심스럽다면 주위에서 회사를 그만둔 사람과 남아 있는 사람을 비교해 보길 바란다. 압도적으로 남은 사람들의 수준이 높다는 것을 알 수 있다. 한 오너와 이야기하던 중에 "만일 지난 3년간 회사를 그만둔 사람들로만 회사를 다시 만든다면 어떨까요?"라고 물어보니 "그건 끔찍한 상상이군요."라고 대답했다.

유능한 사람은 그렇게 쉽게 회사를 그만두지 않는다. 그들은 커리어를 높이는 데 도움이 될 만한 것을 얻지 못했다면 회사를 그만둘 수 없다고 생각한다.

신입사원 채용이 점점 줄어들고 있는 것은 사실이다. 고졸자의 취업률도 요즘 들어 심각하게 낮아지고 있다. 그만큼 경영자들이 경력사원이나 재취업희망 신입사원 쪽으로 눈을 돌리고 있다는 증거라고 볼 수 있다. 그러나 나는 이 모든 상황을 '일 못하는 경영자'가 늘고 있는 현상으로 해석하고 싶다.

중소기업 경영자와 인사담당자는 처음부터 대졸 신입사원 채용을 포기한 것이 아닐까? 재취업희망 신입사원이나 경력사원만으로 회사를 만든다는 것은 야구로 비유하면 자유계약 선수^{FA}나 트레이드 선수만으로 팀을 구성하는 것이나 다름없다. 이것은 자이언츠처럼 인기가 많은 팀에서나 가능한 방법이다. 롯데나 일본햄의 야구팬들에게는 미안한 말이지만 이 같은 하위 팀에 FA나 트레이드만으로 우수한 선수들이 충분히 모일까?

갓 졸업한 지원자 중에서 찾는 편이 훨씬 더 좋은 인재를 발견할 가능성이 높은데 경영자들은 왜 그런 수고를 하지 않는 것일까? 그러니까 회사가 더 이상 발전하지 않는 것이다. 중소기업이라고 해서 대졸신입사원 채용에 참가하지 않는 것은 하위 팀이 신인선수 드래프트에 참가하지 않는 것이나 다름없다.

입사희망자 중에서는 사원이 50명밖에 되지 않는 중소기업이라도 장차 발전 가능성이 보이는 회사에 취직하려는 사람들도 많다. 어정쩡한 경력을 내세우는 사원보다 차라리 아직 다듬어지지 않은 원석을 찾아내는 것이 승산 있는 게임이 될 것이다.

진정한 실력가는 주도권을 놓치지 않는다

요미우리신문사가 매주 발행하는 인력정보잡지 「People」
에는 '취지활동 다큐멘터리'라는 구직경험담 코너가 있다. 여기에는
지방대학 출신 구직자로서 겪었던 비애, 면접에서 성희롱 질문을 받
은 황당한 사건 등 졸업생들의 구직 경험담이 진솔하게 실린다.

유례없는 취업난의 시대를 반영한 신문지상 곳곳에서 마치 구직자
들의 비명이 들려오는 것 같다. 아무 데도 취직하지 못하고 졸업하는
학생 수가 매년 10만 명에 이르는 현실을 생각해 보면 그들의 초조한
마음을 충분히 이해할 만하다.

그리고 대부분의 입사 지원자들은 채용하는 쪽이 칼자루를 쥐고
있다고 생각하는데 여기에는 커다란 함정이 숨어 있다. 다들 눈치 챘
는지? 정말로 유능한 인재라면 주도권은 스스로가 쥐고 있다는 사실
이다. 취업희망자가 넘쳐 나는 지금 같은 불경기에는 대체로 회사측

에 주도권이 있는 것이 사실이다. 하지만 기업의 성장과 실적 향상을 위해서 꼭 필요한 인재라면 어떠한 상황에서도 지원자 쪽이 강자의 입장에 서기 마련이다.

대졸 신입사원은 대략 세 가지 유형으로 나눌 수 있다. 첫째, 취직 자리가 전혀 정해지지 않고 내정도 기대할 수 없는 학생으로서 전체의 약 20%가 해당한다. 둘째, 고생은 많이 했지만 그래도 그 중 한두 군데 직장으로부터 내정을 통보받고 겨우 취직한 학생들로서 전체의 약 60%이다. 셋째, 불경기와 상관없이 평균 서너 곳의 회사로부터 내정을 통보받는 나머지 20%의 학생이다. 대부분의 기업 내정은 세 번째에 집중한다. 그래서 이들의 가치는 그야말로 부르는 게 값이다.

마지막 그룹에 내정이 몰리는 이유는 결코 '출신학교' 때문만이 아니다. 「People」 932호 특집기사 '기업이 원하는 인재'에 의하면 기업이 채용 여부를 결정하는 기준에서 '출신 대학'과 '대학 성적'이 차지하는 비율은 매우 낮다고 한다. 심각한 불경기에는 출신학교도 그다지 도움이 되지 않는가 보다.

그러면 기업이 중요하게 생각하는 능력은 무엇일까? 첫째가 명석한 두뇌, 둘째가 추진력, 셋째가 도전정신과 책임감이라고 한다. 이것을 종합적으로 생각하면 기업은 '확실하게', '최대한 빨리' 능력을 발휘하는 인재를 원한다는 말이다. 대여섯 군데 회사로부터 내정을 통보받은 학생이라면 틀림없이 그런 조건을 두루 갖춘 인재일 것이다.

'재능 있는 사람', '즉시 능력을 발휘할 수 있는 사람'은 어떠한 상황에서도 주도권을 놓치지 않는다. 불경기가 그런 분위기를 부추기고 있다.

이 책을 읽고 있는 여러분 중에 앉아서 기다려도 좋은 인재가 알아서 찾아올 것이라고 믿는 오너가 있다면 그런 위험한 생각은 당장에 바로잡아야 한다. 오히려 불경기이기 때문에 최선을 다해서 우수한 사람을 찾아야 한다. 그렇지 않으면 훗날 큰 대가를 치르게 될지도 모른다. 제 발로 찾아오는 사람 치고 능력 있는 사람은 드물다는 점을 명심하기 바란다.

진정으로 우수한 사람을 찾고 싶다면 노력을 기울이자. 여러 회사로부터 내정을 통보받은 우수한 졸업생이 자신의 회사를 선택하게 만들려면 그만한 정성을 드려야 한다. 즉 어느 정도의 내정 포기를 예상하고 인재들을 꾸준히 만나서 입사를 권유해야 한다. 그리고 자사 내정자를 다른 회사에 빼앗기지 않으려면 안팎으로 회사를 돋보이게 하는 채용 테크닉을 갈고 닦아야 한다. 불황을 극복하려면 회사에 도움이 될 만한 확실한 인재를 채용하는 방법밖에 없다.

그러나 경기가 나쁠수록 인재를 찾기 힘들다는 사실을 인식해야 한다. "진정한 인재는 주도권을 놓치지 않는다."라는 사실은 영원불변의 진리임에 틀림없다.

회사에 이익인 사람 회사에 손해인 사람

우수한 사람이 모이는 시스템을 만들자

아무리 애를 써도 '소질이 없으면 크지 않는다'는 원리는 당연하다. 그러나 뛰어난 소질을 갖고 있음에도 불구하고 크지 못하는 경우도 있다.

앞에서 가쓰노리와 요시다의 예를 들었는데 '요시다'를 '가쓰노리'로 만들지 않으려면 어떻게 해야 할까? "기업풍토가 좋아야 한다, 체계적인 교육 시스템을 갖춰야 한다, 평가 제도를 만들어서 성취의욕을 높여야 한다." 등 여러 가지 의견이 나오겠지만 여기서는 인재 곁에서 영향력을 행사하는 사람의 중요성에 대해 살펴보도록 하자.

사람은 자신을 이끌어 주는 사람의 영향을 받는다. 특히 사회에 첫발을 내딛은 신입사원은 입사 후 처음 만나는 상사를 보편적인 사회인이라고 생각한다. 그러므로 신입사원 곁에 선배를 배치할 때는 신중을 기해야 한다.

그러면 어떤 사람이 좋을까? 한마디로 '좋은 습관을 갖춘 인재'가 제격으로 야망, 책임감, 추진력을 고루 갖추고 노력을 아끼지 않는 직원을 선택해야 한다.

능력 있고 최선을 다하는 사람이면 일단 합격이지만 문제는 기준이다. 만약 오너가 사원에게 "열심히 하고 계시죠?"라고 물어 보면 거의 대부분은 "네, 최선을 다하고 있습니다."라고 대답한다. 하나같이 "열심히 일하고 있습니다."라고 대답하지만 사람에 따라 그 기준이 제각각이다. 밤을 새워 일하고도 "아직 멀었어. 더 열심히 해야 하는데."라고 말하는 사람이 있는가 하면, 일주일에 두 번의 잔업을 하면서도 "열심히 일했다."고 하는 사람이 있다. 어느 쪽이 더 열심히 일했는지 굳이 설명하지는 않겠다. 기준이 높은 사람은 결코 자신에게 만족하는 법이 없으며, 더 높은 목표를 향하여 계속 노력한다.

이와 같이 발전가능성이 크고 잠재력 있는 신입사원 옆에는 '아직 갈 길이 멀었다. 부족하다.'라는 겸손한 생각을 갖고 열심히 일에 매달리는 사람을 두어야 한다. 그런 상사의 모습을 본 신입사원은 '저렇게 열심히 일하면서도 최선을 다했다고 말하지 않는 걸까?'라는 생각을 할 것이다. 그리고 자신도 따라서 목표를 높이 세워 상사를 본받게 된다.

그 반대의 경우는 어떨까? 상상만 해도 아찔하다. 사람은 누구나 주위의 수준이 낮으면 함께 낮아지는 법이다. 유능한 인재라고 해서 예외는 아니다. '이 정도면 되는구나.'하고 그 수준에 만족한다. 좋은 습관에 비해 나쁜 습관은 쉽게 익숙해진다. 전파속도도 열 배는 빠르

회사에 이익인 사람 회사에 손해인 사람

다. 그러나 무엇보다 심각한 것은 원상복귀가 어렵다는 점이다. 회복하려면 최소한 3년은 걸린다. 사람은 환경에 좌우되기 쉬운 존재이며 한없이 게으른 존재이기도 하다. 이 점을 반드시 기억하자.

최근에는 회사의 레벨을 높이려고 사외 연수에 힘을 쏟는 경영자가 많아졌다. 그렇지만 주변 환경, 주위 사람을 바꾸지 않으면 아무리 돈을 투자해도 소용없어진다는 것을 알아야 한다.

한정된 소수의 맛있는 사과를 놓고 벌이는 쟁탈전

우리 회사의 주요업무는 중소기업을 대상으로 인재채용의 노하우를 전달하는 것이다. 그런데 최근에는 오너들이 출산율 감소현상에 대하여 자주 의견을 물어 온다. 출산저하가 초래할지도 모르는 인력감소에 대한 걱정 때문이다.

상식적으로는 그렇다. 전체 인구의 수가 줄어들면 줄어든 인재를 둘러싸고 쟁탈전이 더욱 치열해질 것이라고 예상할 수 있다.

그러나 인재시장에서는 상식이 적용되지 않는다. 왜냐하면 수요와 공급문제는 공급하는 상품의 질이 모두 같을 때 생겨나기 때문이다. 예를 들어 같은 품질의 사과 100개가 있다고 가정하자. 이때 수요가 200개라면 쟁탈전이 벌어지고 사과 값이 오른다. 그런데 100개 중에 맛있는 사과가 20개뿐이라면 수요가 50개라도 쟁탈전이 벌어진다. 그리고 남아 있는 맛없는 사과 80개는 아무도 사려고 하지 않는다.

인력시장은 이 사과시장의 후자에 해당된다. 한정된 옥석을 차지하려는 쟁탈전이다. 전체의 수가 증가하거나 감소하는 것과 상관없이, 한정된 소수의 맛있는 사과를 놓고 벌이는 쟁탈전이다. 양극화가 심한 채용시장에서는 한정된 소수의 인재에게 수요가 집중된다. 사과로 비유하면 누구나 탐내는 상급 사과이므로 언제나 특별대우를 받는다.

기업이 채용에 어려움을 느낀다면 그것은 출산율 감소와 별개의 문제이다. 대학생의 수가 줄었다고는 하지만 취업문을 두드리는 학생 수에는 별 차이가 없다. 출산율이 낮아졌음에도 불구하고 입사지원자나 대학생 수가 줄었다고 느끼지 못한다. 왜냐하면 대학은 대학대로 입시수준을 낮춰서라도 매년 같은 수의 학생을 입학시키기 때문이다.

한때는 발에 채는 것이 대학생이라고 할 정도로 학생이 많아진 것을 비아냥거리던 때가 있었다. 대학생이 너무 많아서 수준이 낮아졌다고 한탄하기도 했다. 그러나 이렇게 출산저하현상이 계속된다면 수험생이 줄어들고 대학이 남아돌아서 '전 국민의 대졸학력시대'가 올지도 모른다. 아니면 고등학교를 졸업하자마자 일을 시작한 사람을 더 우수하다고 평가하는 시대가 올지도 모른다.

아무튼 인재의 수는 사회가 아무리 바뀐다 해도 크게 변하지 않는다. 오히려 출산율 감소에 따른 문제는 다른 곳에 있다. 정부는 출산기피 현상을 개선하기 위해서 하루빨리 육아와 일을 병행할 수 있는 환경을 조성해야 한다고 주장하는데 나 역시 그에 찬성한다. 보육원을 늘리고 사원들의 자녀들을 장시간 보살펴 주는 것은 두 손 들고 환영한다. 그것은 또 보육자라는 또 하나의 일자리를 만들어 내므로 취업과도 연결된다.

그러나 '정 사원의 근무시간을 줄이자.', '직원의 근무 환경을 개선하자.'는 정책은 어떤가? 이것은 오히려 국민을 과보호에서 벗어나지 못하게 하는 정책이 아닐까? 정부가 해야 할 과제는 이보다는 '차세대를 짊어질 인재육성'이다. 제대로 된 교육을 통해 '올바른 가치관과 자립심'을 기르도록 하는 것이어야 한다고 생각한다. 그러면 국민은 목적의식과 나아갈 방향을 찾아내고 수준을 높일 수 있을 것이다. 그리고 그런 과정을 통해 출산율 감소문제도 해결할 수 있으리라 믿는다.

나라를 이끌어 가는 사람들에게 부탁하고 싶은 것은 국민을 의욕적으로 일하게 해 달라는 것이 아니다. 한 나라의 국민으로서 자신의 존재 의미를 깨닫게 해 달라는 것이다. 그런 정책을 마련해 주었으면 한다.

회사에 이익인 사람 회사에 손해인 사람

13

이제야 깨달은 인재채용 기술의 가치

발전하는 기업에는 두 가지 유형이 있다. 하나는 유능한 인재가 많은 기업이고 다른 하나는 압도적인 비즈니스 모델을 갖고 있는 기업이다.

후자의 경우는 햄버거 회사인 맥도널드가 그 전형적인 예다. 왜 맥도널드는 어느 매장을 가도 맛이 똑같을까? 매장마다 맛의 차이가 느껴지지 않는 이유는 무엇일까? 그것은 바로 철저한 관리 시스템 때문이다. 맥도널드 주방에는 일류대 출신이 필요 없다. 인건비만 비싸질 뿐 대학에서 배운 지식이 쓰일 곳이 없다. 주방에서 햄버거를 만드는 일은 그야말로 '평범한 사람'이면 누구나 할 수 있다. 즉 맥도널드가 성공한 이유는 매뉴얼대로 만들면 누구라도 같은 맛을 낼 수 있는 비즈니스 모델이 있기 때문이다.

그렇지만 맥도널드라도 경영수뇌부와 간부급으로 올라가면 유능한 인재가 반드시 필요하다. 그들은 비즈니스 모델과 관리 시스템을 만들어 낼 인재다.

기업이 발전하려면 인재의 질을 높이던가, 관리 시스템을 확실하게 구축하던가 둘 중 하나는 반드시 필요하다. 맥도널드처럼 뛰어난 관리 시스템이 있으면 그 말단에서 일하는 아르바이트 사원의 수준이 높지 않아도 결과가 나쁘지 않다. 그렇지만 이런 회사는 거의 없다고 봐도 좋다. 때문에 차선책으로 인재를 찾는 기술이 필요하다.

요즘에는 한 회사에 평생을 바칠 생각이 없다는 젊은이가 많아졌다. 그렇지만 매년 많은 졸업생과 만나는 컨설턴트 입장에서는 사회에 첫발을 내딛는 그들이 첫 직장에 많은 기대를 걸고 있음을 쉽게 볼 수 있다. 취직이란 마치 결혼과도 같다. 결혼을 '일단 한번 해볼까?' 하는 식으로 결정하는 사람은 없다. 상대방과 평생을 함께 하려고 신중을 기한다.

회사는 신입사원에게 첫 직장이라는 점을 기억해야 한다. 구직자들은 신중하게 생각하고 첫 취직자리를 결정한다. 그런 관점에서 매년 쏟아져 나오는 40만 명의 졸업생 중에 입사 희망자가 단 한 명도 없는 회사가 있다면 이미 죽은 회사나 다름없다.

구직자들이 찾아오지 않는 회사의 오너는 처음부터 구인전선에 뛰어들 생각조차 하지 않는다. "수고해 봐야 어차피 대기업과 맞붙으면 이기지도 못할 텐데, 여름 방학 끝나고 남아 있는 구직자 중에서 비교적 괜찮은 사람을 찾아보면 되겠지."라는 식이다. 그래서야 되겠는가? 너무 안이한 자세다. 어째서 인재가 알아서 찾아올 만한 체제로 바꾸려는 노력을 하지 않을까?

인재를 '모두가 탐내는 사람'과 '아무도 원하지 않는 사람'으로 나누는 것과 마찬가지로 기업도 '모두가 입사하고 싶은 회사'와 '아무도 가고 싶지 않은 회사'로 나뉠 날이 멀지 않았다. '아무도 입사하고 싶지 않은 회사'의 말로는 상상에 맡기겠다.

직원의 만족이 고객 만족으로 이어진다

시스템이 제대로 갖춰진 곳이라면 인재는 반드시 찾아온다. 여기서 말하는 시스템이란 일하기 편리하고 의욕이 절로 솟구치는 환경, 급여 인상 등을 가리킨다.

월급을 올려서 유능한 인재가 찾아왔다고 가정하자. 당장은 인건비가 오를지도 모른다. 하지만 유능한 인재라면 분명히 월급 이상의 큰 이익을 올릴 것이다. 그리고 그의 활약으로 회사는 더욱 발전하고 월급은 더욱 올라간다.

반대의 경우, 우수한 인재를 채용하지 않았다고 해서 기존 직원들의 처우를 개선하지 않고 오히려 급여를 삭감한다거나 하면 어떻게 될까? 유능한 인재가 찾아올 가능성이 더욱 희박해진다. 좋은 인재가 없으니 회사는 제자리 또는 경영악화로 허덕일 것이고 직원들에 대한 대우는 점점 더 나빠진다.

신입사원에게는 나름대로 정해진 급여 기준이 있다. 그러나 최소한 경쟁회사와 같거나 아니면 그보다 조금 나은 대우를 해야 좋은 인재를 끌어들일 수 있을 것이다.

그런데 월급보다 중요한 것이 있다. 요즘 많은 젊은이들은 '좋아하는 일이니까'라든지 '회사에 도움이 되는 일이므로'라는 동기가 우선이고, 대우를 그 다음 문제라고 생각한다. 그들에게 중요한 것은 급여보다는 오너가 갖고 있는 매력적인 경영철학이나 쾌적한 사무실 환경 등이다. 오너 중에는 "사무실 주변 환경 따위가 대체 일하는 것과 무슨 상관이냐?"라고 말하는 사람이 많다. 얼마 전에 채용을 의뢰 받은 회사가 그런 경우다. 그 회사는 지하철역에서 도보로 20분 정도의 거리에 사무실이 있었다. 쇠퇴한 번화가를 걷다 보면 여기저기 신문지를 덮은 걸인들이 누워 있었다. 직원들은 통근열차에 시달리고 매일 이 길을 20분씩 걸으며 힘들게 사무실로 출근하고 있었다.

나는 오너에게 통근 분위기가 너무 열악하다고 여러 차례 지적했지만 그는 "출근환경과 실적은 아무런 상관이 없습니다. 일하는 장소에 따라서 일의 내용까지 변하는 것이 아닙니다."라고 반박했다. 기사가 운전하는 자가용으로 편하게 출근하는 오너에게는 상관없을지 몰라도 직원들에게 이렇게 열악한 통근분위기를 참고 의욕적으로 일하라는 것은 아무래도 무리가 있었다.

"앞으로 당신의 사원들은 10년, 아니 20년은 더 일할 텐데 매일 이렇게 힘들게 출근해야 한다니 끔찍하네요. 이왕이면 아오야마나 오모테산도 도쿄에 있는 유행에 민감하고 세련된 거리를 걸으며 출근하는 편이 기분 좋지 않을까요? 제가 구직자라면 이 회사에 절대 오지 않을 겁니다."

결국 오랜 설득 끝에 이 회사는 좋은 환경으로 이전했다. 그 후 직원들의 기분이 좋아진 것은 물론이고 우수한 신입사원도 입사했다. 실적이 오른 것은 두말할 필요도 없다. 소문에 의하면 경제서적을 다루는 다이아몬드 출판사도 사무실이 밀집한 거리에서 멋쟁이들이 많은 번화가로 이사했다고 한다. 그리고 그 덕분에 회색양복, 회색건물에 지쳐 있던 사원들도 활기를 얻었다고 한다.

누구나 "기분 좋은 회사, 사람다운 회사, 멋진 회사에 다닌다."라는 말을 듣고 싶어 한다. 그리고 애사심이란 그런 사소한 곳부터 생기는 것이다.

오너는 아무래도 자기 사원보다 고객 쪽에 관심을 두게 마련이다. 나는 직원 만족 없이는 고객 만족도 있을 수 없다고 단언한다. 직원들 자신부터 만족해야 비로소 진심으로 고객을 대할 수 있는 여유가 나오는 법이다. 직원을 만족시키지 못하면 고객을 만족시킬 수 없다는 지극히 당연한 진리를 하루빨리 깨닫기 바란다.

회사에 이익인 사람 회사에 손해인 사람

직원의 외모만 봐도 어떤 회사인지 알 수 있다

아무리 좋게 보려고 해도 촌스러운 오너가 있었다. 나는 그에게 보통 수준이라도 좋으니까 조금만 외모에 관심을 가지라고 조언했다. 단순히 한 사람의 인상을 좋게 하려는 것이 아니다. 오너의 세련된 외모가 사원에게 미치는 파급효과를 노리자는 것이었다.

오너가 외모에 신경을 쓰면 직원들도 따라서 신경을 쓴다. 멋에 관심을 갖는 것은 그만큼 여러 가지 정보에 관심을 갖는다는 뜻이다. 젊은 여성들이 멋지게 꾸미고 다니기까지 얼마나 많은 정보를 수집하고 노력하는지를 생각해 보면 알 수 있다.

갑자기 모임에 가게 되거나 파티에 참석할 일이 생겼을 경우를 떠올려 보자. 급한 마음에 백화점에 가서 옷이나 신발, 액세서리를 새로 사보지만 평소에 멋 부리는 것과 거리가 멀고 정보에도 어두운 사람은 왠지 어색하기만 하다. '옷이 날개'라지만 경우에 따라서는 어울리지도 않고 거추장스러운 날개가 된다.

모든 직원들이 세련되게 하고 다닌다는 것은 그만큼 정보에도 민감하다는 뜻이다. 그러므로 고객 니즈Needs에도 민감해진다. 당연히 매상이 오르고 실적 향상으로 이어진다.

경영자들에게 이런 이야기를 하면 "그렇군요. 옳습니다!" 하고 순순히 받아 주는 사람이 드물다. 그리고 아무리 누가 뭐라고 해도 자신의 스타일을 고집하는 사람이 많다. 자신을 바꾸는 것이 어색해서일까? 아니면 갑자기 스스로 외모에 신경 쓰는 것 자체가 귀찮아서일까?

오너부터 변하지 않으면 직원은 바뀌지 않는다. 결국 회사도 바뀌지 않고 그런 회사에는 유능한 인재가 오지 않는다. 유능한 사람일수록 오감이 발달되어 있고, 그러한 감각을 최대한 동원해서 회사를 평가하게 마련이다.

조금만 생각해 보면 돈을 많이 들이지 않고도 얼마든지 사무실을 멋지게 바꿀 수 있는 방법들이 있다. 책상 배치를 바꾸거나 그림과 꽃으로 장식한다든지 음악이나 조명을 조금 바꿔 보는 방법이다. 사무실 향기 하나만 봐도 지금까지 얼마나 무심했는지 알 수 있다. 누구나 한 번쯤은 경험했을 것이다. 남의 집 현관을 들어선 순간, 향긋한 냄새가 아닌 케케묵은 곰팡이 냄새가 난다면 어떤 인상을 받을까? 아무리 멋지고 좋은 집이라도 바닥에 깔린 고급 카펫까지 불결해 보인다. 그러나 정작 그 안에서 살고 있는 사람들은 느끼지 못하는 경우가 많다.

16

독재자라고 다 나쁜 것만은 아니다

　　대부분의 중소기업은 경영자가 창업주이다. 쉽게 말해서 독재자 스타일의 사장이다. '독재자 스타일'이라고 표현하면 어쩐지 나쁜 이미지가 강한데 부하직원의 입바른 소리에 귀 기울이지 않고 오히려 호통을 치는 고집스런 이미지가 머릿속에 그려지기 때문일까?

　　유능한 사람들 중에서 중소기업 입사를 희망하는 대부분은 경영자의 신념이나 경영 철학에 공감하고 매력을 느꼈기 때문이다. '이런 경영자라면 함께 일해 보고 싶다'는 마음이 중소기업을 향하게 만드는 것이다. 지원자들이 회사를 정하는 결정적인 동기의 70%는 이것이라고 생각한다. 나머지 30%는 회사의 장래에 기대를 걸고 미리 입사해 두자는 마음이라고나 할까?

　　세계적으로 유명한 '소니SONY'도 실은 제2차 세계대전 직후 '도쿄 통신공업'이라는 작은 회사에서 출발했다. 그리고 독재자 스타일로 말하자면, 창업자인 이부카 마사루井深大 씨를 빼놓을 수 없다. 그의 부탁으로 공동창업자가 된 모리타 아키오盛田昭夫 씨도 이부카 씨의 개인적인 카리스마와 매력에 끌려 자신의 인생을 걸었을 것임에 틀림없다. 그게 아니라면 역사와 전통을 공인받은 모리타 주점盛田酒造의 장남으로 태어나 이미 윤택한 생활을 보장받고 있던 그가 모든 것을 버리면서 장래도 불투명한 작은 회사 창업에 군이 참여할 이유가 없다.

"언제까지나 대기업을 쫓기만 한다면 꿈을 이룰 수 없습니다. 살펴보면 기술적인 면에 얼마든지 틈새가 보입니다. 우리는 대기업이 하지 못하는 일에 과감하게 도전장을 냅시다. 우리의 기술력으로 나라를 다시 일으켜 세웁시다."

이것은 1946년, 도쿄 통신공업 창업식에서 이부카 씨가 선언한 인사말이다. 이 작은 회사가 지금의 소니가 되리라고 누가 상상이나 했을까? 이부카 씨가 문예춘추에 쓴 '나의 벗, 혼다 소이치로'란 글에서 보면 '혼다HONDA'의 창업주인 혼다 소이치로本田宗一郎도 카리스마 경영으로 꽤 유명했다고 한다. 이 두 사람의 경영을 제대로 이해한다면 독재자에 대한 나쁜 이미지가 상당히 바뀔 것이다.

인재를 끌어오기 위해서 카리스마를 보여 주는 것도 결코 나쁘지 않다고 생각한다. 경영자가 지닌 매력 혹은 회사의 장래성, 비전이 호소력을 갖기 때문이다. 단, 자신이 독재자임을 모르는 경우만큼은 조심해야 한다.

한번은 이런 경영자를 만난 일도 있었다. 상담을 의뢰받고 찾아갔

더니 사장실에 임원과 인사담당자가 모여 있었다. 보기부터 상당히 독재자 스타일이라서 그 느낌을 솔직하게 말했다. 그러자 사장은 버럭 화를 내며 자신은 독재자가 아니라고 주장했다. 그리고 주변 사람들에게 "내가 독재자인가? 그건 아니지?"라며 대답을 강요했다. 전원이 "예, 독재자 스타일은 아닙니다."라며 사장의 말에 동의했다. 주위 사람 모두가 동의할 수밖에 없도록 만드는 것부터 바로 독재자라는 증거인데 그는 전혀 모르고 있었다.

그런 사장의 주위에 있는 사람들은 점점 멀어져 간다. 당연히 채용도 뜻대로 되지 않는다. 직원이 자신을 어떻게 평가하는지 모른다면 구직자들을 설득하는 일은 불가능하다. 아무리 유능한 독재자라 해도 그런 곳에 기업의 미래는 있을 수 없다.

자신이 경영하는 회사에 유능한 인재가 찾아오지 않는다고 생각하는 경영자들은 가슴에 손을 얹고 생각해 보자. 자신이 혹시 나만 모르고 다른 사람들은 모두 인정하는 독불장군 독재자가 아닌지를. 매력 있는 독재자에게는 좋은 인재가 모이게 되어 있다.

17

기업은 '사람'이지 '돈'이 아니다

"돈이 최고라고 생각하는 분이 많지만 저는 아닙니다. 돈은 그저 도구일 뿐 그 이상도 그 이하도 아닙니다. 이런 가치관 때문에 일본 산업에 문제가 생기는 것이 아니겠습니까?"

이것은 하마마스 포토닉스의 히루마 데루오畵馬輝夫 사장이 한 말로 그는 2002년 노벨 물리학상을 받은 동경대학의 명예교수 고시바 마사토시小柴昌俊 씨의 연구를 적극 도와준 인물이다. 노벨상 수상자발표가 있기 약 3개월 전에 그는 책의 출간을 앞두고 있었는데 출판사의 편집장이 책의 제목으로 <좋은 연구는 저절로 돈이 따라 온다>가 어떠냐고 제안했을 때 한 말이라고 한다.

이런 성격의 소유자였기에 계산적인 것과는 거리가 먼 고시바 명예교수의 연구에 협력했을 것이다.

경영 수완이 뛰어나기로 유명한 히루마 사장도 상당히 독재자일 것 같다는 느낌을 받았다. 한 예로 일류대를 졸업한 어느 간부 후보에게 오랫동안 유리창 닦기를 시킨 사건이 있다. 그 후보는 그럼에도 포기하지 않았고, 히루마 사장은 한 술 더 떠서 유리창 닦는 일이 갖는 의미에 대해 말해 보라고 했다니 카리스마와 매력이 없다면 절대 불가능한 일이다.

이런 사장들만 있으면 일본은 안심할 수 있을 텐데 안타깝게도 그 것은 희망 사항일 뿐이고 실제로는 찾아보기 힘든 유형이다. 말로는 '사람이 먼저'라고 하면서도 속으로는 '돈이 더 중요하다'고 생각하고 있는 것은 아닌지? '사람이 우선'이라고 생각하는 사장 주위에는 잠자코 유리창을 닦을 수 있는 직원들이 모인다.

내 경험으로 비추어 볼 때 인재의 가치를 제대로 평가하고 일도 잘하는 사장은 찾아보기 힘들다. 100명 중에 다섯 명이나 될까? '돈'에 가치를 두는 사람이 많아졌기 때문에 일본 산업에 문제가 생겼다는 히루마 씨의 지적은 옳은 말이다. 3, 40대의 사장 중에는 돈버는 것이 목적인 사람이 많다. 무엇보다 이익이 최우선이고 1년이라도 먼저 상장시키겠다는 일념으로 앞만 보고 달려간다. 경영자를 키우는 것이 꿈이라고 하면서 실제로는 자회사를 많이 늘려서 이익을 불리려는 욕심이거나 자신을 대신할 경영자를 원하는 경우가 많다.

나는 기업인의 한 사람으로서 최소한 나와 내 주변의 사람들만큼은 성실하고 착실하게 생활하기를 바란다. 우리 회사에 창업지원제도를 마련한 이유도 능력 있고 인간미가 넘치는 사장을 키우고 싶기 때문이다. 어둡고 비관적으로 보이는 일본의 미래에 한 줄기 희망의 빛을 비추기 위해서라도 '돈이 우선'이라고 생각하지 않는 건전한 젊은 이를 많이 키워야 한다.

자본주의 사회에서 기업이 이익을 추구하는 것은 당연한 일이다. 그러나 이익만을 최우선으로 두는 것처럼 한심한 일은 없다. 그런 회사에 도대체 어떤 인재가 가고 싶겠는가?

이런 사람이야말로 진정한 '인재'

천 명의 오너와 2만 명의 구직자들이 내게 준 선물

나에게는 체험을 통해 터득한 독자적인 인재론이 있다.

오너들과 인재론에 관하여 토론하게 되는 일이 상당히 많은데 시작도 하기 전에 그들이 이구동성으로 하는 말이 있다. 바로 "일 잘하는 사람이 필요하다."는 것이다.

경영자들도 대부분 독창적인 인재론을 갖고 있다. 그러나 그 중 80%는 잘못되었다. 공통된 잘못 중 하나가 '적성의 유무를 깨닫지 못하는 것'이다. "적성에 맞지 않으면 열성으로 이겨내자."라는 말을 하지만 그것은 억지에 불과하다. 적성에 맞지 않는 일은 아무리 열성을 다해도 능력을 발휘할 수 없다.

2002년도 노벨화학상을 받은 평범한 연구사원인 다나카 고이치田中耕一 씨가 그 좋은 예다. 그는 연구직이었기에 능력을 발휘할 수 있었다. 만약 그가 영업직에 취직했더라면 만년 꼴찌를 면하지 못하는 무능한 사원이 되었을지도 모른다. '자신의 적성을 누구보다 잘 파악하고 있으니까 그가 처음부터 영업직을 택하지 않았을 것'이라고 간단히 말할 일이 아니다. 세상에는 적성에 맞지 않는 일이라도 묵묵히 최선을 다하는 사람이 있는가 하면, 부하가 울며 겨자 먹기 식으로 억지로 일하고 있는 것을 눈치 채지 못하는 상사도 있다.

그래서 머리만 좋으면 무엇이든 할 수 있다는 잘못된 생각이 생겨난 것일까? 물론 두뇌는 중요한 조건이다. 그러나 상품개발, 마케팅, 영업 등에서 사용하는 머리는 각각 다르다. 똑같이 머리가 좋다고 해도 창의력과 기억력은 전혀 별개의 것이다. 창의력은 0점이지만 다른 것은 모두 A인 사람도 꽤 많다.

일본의 입시시험은 일단 기억력이 좋아야 높은 점수를 얻을 수 있다. 그렇지만 실제로 일하는 데 기억력은 크게 도움이 되지 않는다. 요즘은 인터넷만 있으면 무엇이든 쉽게 정보를 찾을 수 있는 편리한 시대다. 기억력의 가치가 점점 떨어지는 마당에 좋은 기억력으로 일류대를 졸업했다고 해서 유능한 인재로 평가받기는 힘들다.

역시 '소질'이 중요하다. 우리는 흔히 건강하고 의욕만 있으면 어떻게든 된다고 생각한다. 하지만 아무리 의욕이 앞서도 나쁜 머리는 갑자기 좋아지지 않고 지식이 많아져도 두뇌 회전은 빨라지지 않는다.

인재에는 성장할 수 있는 사람과 성장 판이 닫혀 버린 두 종류의 사람이 있다. 특히 '대졸 신입사원들은 모두 무無에서 출발하는데 설마 큰 차이가 있겠어?'라고 생각하는데 이건 큰 오산이다. 각자 다른 부모에게서 태어나 20년 이상 다른 환경에서 자라 온 사람들을 어떻게 같다고 볼 수 있겠는가? 머리가 좋은 사람, 나쁜 사람, 체력이 있는 사람, 없는 사람, 책임감이 강한 사람, 없는 사람 등 사회인으로서 출발점은 각각 다르다. 그러므로 가능성 없는 인재를 채용한 회사가 발전하지 않는 것은 당연하다.

한 가지 더 기억해야 할 것은 사장보다 뛰어난 인재는 오지 않는다는 것이다. 흔히 "좋은 정치, 나쁜 정치는 그 나라 국민 수준에 달려 있다."고 말한다. 그러나 회사는 정 반대다. 회사는 사장의 수준에 모든 것이 달려 있다. 그렇지만 특이한 경우도 있는데 사장은 유능한데도 좋은 인재가 오지 않는 경우다. 그때는 주저하지 말고 채용과 관련된 모든 시스템과 의식을 모조리 뜯어 고쳐야 한다.

일 잘하는 머리와 공부 잘하는 머리는 따로 있다

대기업은 지금도 채용기준으로 '학벌'을 따진다. 학벌이 낮으면 좋은 인재가 될 수 없다고 생각한다. 솔직히 그 생각이 완전히 틀린 것은 아니다. 어떤 기준에서 보면 맞아 떨어질 때도 있다. 따라서 그것은 확률적인 문제라고 할 수 있다.

그러나 현실적으로 학벌이 좋지 않은 유능한 사람을 찾기는 힘들다. 학벌과 상관없이 능력이 뛰어난 인재에게는 미안하지만 직원을 뽑는 회사 입장에서 밀려드는 입사지원서를 놓고 출신학교 이외에 무엇으로 추려야 할지 막막한 실정이다. 특별히 기준으로 삼을 만한 것이 없다.

그러나 '좋은 학벌=좋은 인재'라는 공식이 항상 성립하는 것은 아니다. 인재채용을 마치고 난 얼마 후에 "유능한 인재라고 믿고 채용했는데 정작 일을 시켜 보니 잘 못한다."라고 불평하는 경영자가 많다. 원인은 앞서 말한 학력공식을 너무 과신했기 때문이다.

한 유명 대학에 강연하러 갔을 때의 일이다. 우연히 대기업 입사 내정자들과 만날 기회가 생겼다. 내 고객은 대부분 중소기업이라 대기업에서 어떤 사람을 채용했는지 내심 기대를 많이 했는데 나는 아무리 대기업이라도 채용수준은 일정하지 않다는 사실을 알게 되었다. 일에 대한 마음가짐이 바르고 성숙한 인재를 채용하는 기업이 있는가 하면 오로지 진지함으로 똘똘 뭉친 학생을 선택한 기업도 있었다. 또 상사명령이라면 무조건 복종할 것 같은 예스맨 타입만 뽑은 기업도 있었다. 역시 인재채용은 전적으로 인사담당자나 경영진 손에 달려 있었던 것이다.

일을 잘하려면 머리가 좋아야 한다. 그런데 학벌이 좋아도 일을 못하는 사람이 있다. 이것은 '일 잘하는 머리와 공부 잘하는 머리는 다르다'는 사실을 말해 준다.

스포츠를 예로 들면 초등학교 때부터 야구팀에 있었던 아이는 전혀 해 보지 않은 아이에 비해 야구의 기본인 던지고 치는 것을 잘 한다. 그러나 아이가 자라서 고시엔^{甲子園 가장 인정받는 일본 고교야구 선수권}에서 통할 만큼 실력 있는 선수가 될지는 두고 봐야 한다. 단순히 잘 던지고 잘 치는 것뿐만이 아니라 '소질'이 있어야 하기 때문이다. 어깨는 강한지, 발은 빠른지, 반사 신경이 좋은지 등이다.

예전에 도쿠시마 지방의 이케다 고등학교에 쓰다라는 명감독이 있었다. 그는 야구공을 줍는 자세만 보아도 누가 잘할 수 있는 선수인지 한눈에 가려냈다고 한다. 공을 주우라고 지시하면 공을 그냥 바구

니에 집어넣는 선수, 한 개씩 정성껏 닦아서 넣는 선수, 실이 풀린 공이 보이면 꿰매서 넣는 선수 등이 있었다고 한다. 감독은 도대체 이러한 행동을 통해 무엇을 본 것일까? 다름 아닌 야구에 대한 태도라고 한다. 야구를 얼마만큼 사랑하고 진지하게 생각하는지가 중요하다는 이야기다.

일 잘하는 사람을 찾아낼 때도 마찬가지로 '소질을 발견하는 것'에 성공 여부가 달려 있다. 일류대학을 졸업하고도 일을 못하는 사람은 어떻게 가려낼 수 있을까? 나는 일 잘하는 인재의 머리를 가리켜 '일하는 머리가 좋다'고 표현한다. 이것은 선천적으로 타고나는 것으로써 후천적으로 좋아지는 것이 아니다.

일하는 머리가 좋은가 나쁜가의 여부는 앞으로 설명할 두 가지 기준으로 판단할 수 있다. 하나는 '커뮤니케이션 능력'이고 다른 하나는 '이론적 사고력'이다.

03

커뮤니케이션 능력을 갖추자

'커뮤니케이션 능력'은 모든 영업직에 필요하다. 이 능력은 상대방의 이야기를 듣고 이해하는 능력과 상대방에게 자신의 생각을 잘 이해시키는 능력, 이렇게 두 가지로 나눌 수 있다. 커뮤니케이션 능력이 뛰어난 사람이란 '잘 듣는 사람'인 동시에 '말 잘하는 사람'이다. 그런데 이 두 가지 능력은 감성을 다스리는 우뇌右腦와 이성을 다스리는 좌뇌左腦에 의해 결정된다고 한다.

상대방이 이야기하는 경우부터 생각해 보자. 상대방이 생각을 논리 정연하게 말하지 않고 생각나는 대로 무작정 단어를 나열할 때는 감성으로 사물을 받아들이는 우뇌의 활동이 필요하다. 자신의 생각을 마음껏 말하고 정확히 전달하려면 누구라도 이해하기 쉽도록 차근차근 이야기해야 하는데 여기에는 이론을 담당하는 좌뇌의 활동이 필요하다. 커뮤니케이션은 우뇌로 'In put' 하고 좌뇌로 'Out put' 하는 능력이다.

커뮤니케이션 능력을 제대로 갖춘 사람은 대졸 신입사원의 경우 20명에 한 명 정도, 약 5%뿐이다. 대단히 드물고 수준에도 차이가 있다.

가장 초보단계는 상대방이 무엇을 말하는지 이해할 수 있는가이다. 여기에서 삐걱거리면 커뮤니케이션 능력은 제로나 마찬가지다. 아무리 평균성적을 90점 이상 받은 우수한 학생이라도 채용은 아예 포기하는 편이 좋다.

다음은 상대방이 감정을 말로 표현하지 않아도 이해할 수 있는 단계다. 예를 들어 상대방이 '너 같은 남자는 지겨워!'라고 생각하는 것을 미리 알아차릴 수 있는가이다. 주로 분위기 파악을 잘 하는 사람을 일컫는다.

단체 여행이나 모임에서 인기 있는 사람을 관찰하는 것도 좋은 방법이다. 대체로 그들은 분위기를 띄워 주고 화제도 적절하게 잘 바꾸는 것을 알 수 있다. 그와 반대인 사람은 어떠한가? 분위기 파악을 못하고 흥을 깨기 일쑤다. 여자들끼리 "저 사람 왜 저러니?"라며 따돌리는 것조차 눈치 채지 못한다.

가장 높은 단계의 사람은 소수이다. 여기에 속한 사람들은 상대방의 감정은 물론 다른 부분까지도 이해하는 능력이 있다. 예를 들어 '조금만 값을 깎아 주면 좋겠는데.'라든지 '이 사람 머리가 나쁜 거 아니야?'라는 식으로 상대방의 마음까지도 읽어 낸다. 이것은 이론적 사고력이 없으면 힘들다.

타인에게 자신의 생각을 전달하는 것이 얼마나 어려운 일인지 알아야 한다. 100% 상대방을 이해하기란 불가능하다. 이 점을 염두에 두고 대화해야 한다.

직장에서는 '말했다'와 '말하지 않았다'를 놓고 티격태격하는 경우가 생긴다. 그 때 "전에 내가 말하지 않았냐?"를 연발한다면 커뮤니케이션 능력이 떨어지는 사람이다. 말하기만 하면 다 전달된다고 생각하고 상대방이 정말로 이해했는지 확인하지 않았기 때문이다. 자신의 생각을 타인에게 전달하는 것은 정말 어렵다. 그 부분을 이해하고 노력하며 이야기하는 사람이야말로 진정한 커뮤니케이션의 달인이라고 할 수 있다.

커뮤니케이션 능력 판단법

커뮤니케이션 능력은 어떻게 판단할 수 있을까? 기본적인 필기시험으로는 불가능하지만 면접을 해 보면 알 수 있다.

내가 판단기준으로 삼고 있는 것은 다음과 같다.

· 말하는 속도가 적당한지 그리고 막힘은 없는가?
· 자신의 이야기를 듣는 상대방의 기분을 파악하는가?

커뮤니케이션을 잘하는 사람은 말하는 속도가 빠르다. 단순히 말을 빨리 한다는 의미가 아니라 말할 때 머뭇거리지 않고 거침이 없다는 뜻이다. 하나를 들으면 열을 이해하고 처음 1, 2, 3만 듣고도 나머지 5나 7까지 추리할 수 있다. 일일이 설명할 필요가 없으므로 대화가 신속하게 이루어진다.

머리가 좋은 경영자일수록 경영계획, 비전, 신상품에 대한 의견을 짧게 설명하는 경향이 있다. 그러므로 그것만으로 뜻하는 바, 추구하는 바를 알아내려면 앞서 말한 커뮤니케이션 능력이 필요하다. 일반적으로 경영자들은 성격이 조급하다. 차분하게 순서대로 설명하는 것을 기다릴 여유가 없다. "오케이, 그건 됐고, 그 다음!" 이런 식으로 자신의 템포로 대화하고 싶어 한다.

커뮤니케이션 능력을 알아내는 좋은 방법은 그룹 토의다. 대화를 쫓아가지 못하는 사람은 능력이 떨어진다고 보면 된다. 다른 구별방법은 화자가 상대방의 반응을 살피는가를 제3자의 눈으로 관찰하는 것이다. 커뮤니케이션 능력이 있는 사람은 말하는 동시에 상대방의 반응을 본다.

자신이 말할 때 상대방의 태도를 보라는 것이 아니다. 면접을 예로 들면 이해하기 쉽다. 면접관이 이야기하면 지원자들은 열심히 고개를 끄덕이며 어떻게든 '지금 경청하고 있습니다.'라는 태도를 보이려고 노력하는데 그런 태도를 보라는 것이 아니다. 관찰할 사람은 말하는 당사자의 태도다.

말이 너무 길면 듣는 사람이 지친다. '이제 이야기 좀 그만하지, 너무 지루하군…….' 이런 상황을 금방 눈치 챈다면 커뮤니케이션 능력이 좋은 사람이다. 그런 사람은 말할 때 반드시 상대방의 태도를 본다. 그리고 임기응변에도 능하다. 그러나 오로지 자신이 하고 싶은 말과 초점을 벗어난 이야기를 끝없이 해대는 사람은 커뮤니케이션 능력이 없는 사람이다.

만일 커뮤니케이션 능력이 뛰어난 사람을 어떻게 구분해야 좋을지 모르겠다면 실적이 뛰어난 영업사원을 만나 보도록 하라. 그렇지만 그들은 늘 일에 쫓기고 바쁜 탓에 시간이 없을지도 모른다. 그럴 때는 '술자리 면접'이라는 방법이 있다. "영업사원 뒤풀이가 있으니 편하게 오세요."라는 식으로 술자리에 불러내면 된다. 그래서 상대방의 말을 듣는 자세, 주문하는 방법, 술잔이 빈 것을 눈치 채는가 등을 주의해서 보면 분위기를 읽을 줄 아는 사람이 어떤 사람인지 금방 알 수 있다.

이론적 사고력이 연봉을 좌우한다

이론적 사고력은 상품개발이나 마케팅, 시스템공학 분야에서 빼놓을 수 없는 능력이다. 이러한 분야에 대해 의뢰를 받았을 때 어떤 시스템이 좋은지, 왜 그 시스템이 필요한지, 원가를 어디에서 줄일 수 있는지 등을 연구하려면 이론적 사고력이 필요하다. 그런데 이 능력은 커뮤니케이션과 마찬가지로 문과, 이과와는 상관이 없다. 경영자가 이과계열의 사람만 뽑는다 해도 반드시 그 안에 있다고 보장할 수 없다.

이론적 사고력을 갖춘 사람은 전체 구직자의 약 5% 정도다. 커뮤니케이션 능력과 거의 같은 비율이다. 따라서 확률적으로 두 가지 능력을 모두 갖춘 사람을 계산해 보면 400명에 한 명이라는 답이 나온다. 커뮤니케이션 능력이 뛰어난 사람은 재치가 있고 머리도 좋아 보인다. 상품개발과 같이 이론적 사고력을 요구하는 일도 잘할 것 같다.

하지만 알고 보면 이 두 가지는 전혀 다른 능력이다.

최근에 이론적 사고력을 판단하는 테스트가 교토대학 교수인 니시무라西村和雄 박사에 의해 개발되었는데 그 기초는 수학數學 능력이다. 니시무라 박사에 의하면 이론적으로 생각할 수 있는지의 여부는 수학적 센스가 결정한다고 한다. 그는 명문사립대 경제학부를 졸업한 20대 초반부터 50대 후반의 남녀 2천 명을 대상으로 "대입시험에서 수학과목을 선택했는가?"라는 질문과 평균 연봉에 대한 앙케트 조사를 실시했다.

대학 입시에서 수학을 선택한 사람의 연평균 수입은 931만 엔, 선택하지 않은 사람은 880만 엔으로 50만 엔의 차이가 있었다. 이것을 1979년 공통 1차 시험한국의 수학능력시험과 비슷한 입시 관문 이후부터만 놓고 보면 수학을 택한 경우 741만 엔, 그렇지 않은 경우 641만 엔으로 그 차이가 100만 엔이나 벌어진다.

이 통계는 중요한 문제를 시사한다. 공통 1차 시험을 실시한 다음부터 수학공부를 하지 않고 사립대학에 합격한 사람이 늘었다는 것은 이론적으로 생각하는 사람이 그만큼 줄어들었다는 의미이다.

이러한 조사를 바탕으로 이론적 사고력을 테스트하는 시험 문제가 만들어졌다. 일반적인 수학 문제로는 수학공부의 여부만 알 수 있다. 그러나 이 테스트는 수학적 감각을 알아보는 시험 문제로써 대표적인 것이 도형 문제다. 그런데 희한하게도 수학을 못한다는 사람이 이 시험에서는 좋은 성적을 받는 경우가 가끔 생긴다.

친구 중에 문학을 전공한 사람이 있는데 그는 편집 일을 꿈꾸며 출판사에 입사했다가 그만 전산실로 발령을 받고 말았다. "컴퓨터라고는 만져 본 적도 없는 나에게 어떻게 이런 일을 하라고?"라며 고개를 흔들던 그 친구는 10년이 지난 지금 소프트웨어 개발 분야에서 당당히 1인자로 자리 잡았다. 인사담당자가 그의 이론적 사고력을 꿰뚫어 본 결과치고는 참으로 놀랍다.

고기 굽는 방법만 봐도 안다

좋은 인재를 찾아내기 힘들다고 한탄하는 경영자에게 꼭 권하고 싶은 면접방법이 있다. 바로 '고깃집 면접'이다. 이 아이디어는 예전에 어느 부부가 초대한 맛있기로 소문난 고깃집에 가서 얻었다.

고깃집은 듣던 대로 먹음직스러워 보이는 고기가 쟁반에 담겨져 나왔다. 거기까지는 좋았다. 그런데 문제는 그 때부터 시작이었다. 부인은 이내 고기를 불판 위에 빈 곳 하나 없이 빽빽하게 올려놓았다. 내심 이상했지만 그래도 '남편이 워낙 대식가라 고기가 구워지면 바로바로 먹어서 그러는가 보다.'라고 생각했다. 그런데 그게 아니었다. 남편은 고기 쪽은 거들떠보지도 않고 맥주잔을 채우며 이야기를 시작했다.

고기란 적당히 익었을 때가 가장 맛있는 법인데 이야기를 듣는 와중에 눈치껏 먹으려니 정신이 하나도 없었다. 혼자서만 고기를 먹기가 민망할 정도였다. 이런 내 맘을 아는지 모르는지 부인은 불판 위에 공간이 조금이라도 보이면 기다렸다는 듯이 또 고기를 올려놓았다. 아무리 열심히 먹어도 굽는 속도를 쫓아갈 수 없어서 결국에는 타 버린 고기만 잔뜩 남고 말았다.

동료와 고기를 먹으러 가도 마찬가지다. 꼭 한 명쯤은 정신없이 계속 고기를 구워 내는 사람이 있다. 나는 서투른 종업원을 야단치는 지배인이라도 된 것처럼 "이봐, 그렇게 한꺼번에 올려놓으면 어떻게 해! 이쪽 고기는 벌써 타고 있잖아?"라고 핀잔을 준다.

요령이 없어서 고기를 태운 부인처럼 요령이 나쁘면 일도 못한다. 일에 대한 요령은 바꿔 말하면 '시뮬레이션 능력'이다. 불판 위에 고기를 잔뜩 올려놓으면 어떻게 되는지 결과를 머릿속에 그릴 수 있는가 하는 능력이라고 할 수 있다. 시뮬레이션 능력이 없으면 문제를 예측할 수가 없다. 조금만 생각하면 알 수 있는 것조차 실수를 연발한다.

일 잘하는 사람은 시뮬레이션 능력이 뛰어나기 때문에 문제의 가능성을 충분히 계산하고 행동한다. 따라서 문제가 발생하기 전에 미리 대처한다. 이런 사람이 영업을 하면 고객 만족도가 높기 마련이다. 그러나 반대의 경우, 요령이 나쁘고 문제 해결이 늦어진다면 고객은 점차 떨어진다.

요령 없는 직원을 두면 오너는 여러모로 신경이 많이 쓰인다. 예를 들어 요령 좋은 직원이라면 "오늘 3시에 A씨가 올 예정이니 잘 부탁해요."라는 지시만으로 충분하다. 그러나 요령이 나쁜 직원에게는 "A

씨가 오늘 3시에 오기로 되어 있으니까 응접실을 2시 반부터 예약해 놓고 도착하는 즉시 뜨거운 차를 내드리세요. 그리고 A씨가 차를 마시는 동안 나한테 연락하세요. 혹시라도 경쟁사 B씨와 맞닥뜨리는 일이 생기지 않도록 주의하셔야 됩니다. 그리고……" 라고 일일이 지시해야 한다. 꼼꼼하게 지시하면서도 빠뜨린 사항은 없는지 불안하다. A씨가 도착할 때까지 긴장의 연속이라고나 할까?

요령부득은 치명적인 약점이다. 그런데 정말 난처하게도 이 능력은 타고나는 것이다. 설령 요령을 철저하게 가르쳐서 고객접대만큼은 잘하게 되었다고 해도 응용력이 없으므로 비슷비슷한 실수를 자꾸만 반복한다.

또 다른 예로는 술자리를 들 수 있다. 상대방의 잔이 빈 것을 눈치 채지 못하는 사람이 있다. 그래서 그에게 상대방의 잔이 비면 술을 따라 주라고 가르친다. 그러면 상대방의 잔에 신경이 집중되어 정작 중요한 대화가 엉망이 된다. 게다가 상대방이 술을 원하는지 확인도 하지 않고 무작정 잔만 채우고 만다.

07

확실한 설계도를 쥐고 일하고 있는가

간혹 "생각보다 행동을 먼저 해라."라고 말하는 사람이 있다. 그런데 이렇게 말하는 사람 역시 시뮬레이션 능력이 떨어진다고 볼 수 있다. 목표와 과정을 무시하고 시작부터 하기 때문이다. 이렇게 덤비면 일을 잘할 수가 없다.

상대방의 요구 조건을 듣고 나서 수집한 정보를 바탕으로 발표 자료를 만들고 시뮬레이션 하는 사람과 무작정 상대방을 찾아가는 사람의 차이를 생각해 보자. 전자의 경우라면 상대방의 요구 조건을 파악할 수 있고 문제도 예측할 수 있다. 그때 예상되는 문제들은 미리 수정하거나 제거하면 된다. 그런데 이런 과정을 생략하고 무작정 발표부터 하는 후자의 경우라면 상대방이 "예상보다 비싸다.", "혼자서는 결정하기 힘들다."라는 불만을 늘어놓을지도 모른다.

'완성된 모습을 그려보는 능력'은 리더로서 중요한 조건이다. 예를 들어 팀 구성원을 키울 경우 1년, 3년, 10년 후의 직원들의 모습과 발전 과정이 머릿속에 그려져야 한다. 그런 능력이 없다면 직원을 키울수 없다. 자신의 직원을 이상적인 인재로 만들기 위해서 현재는 무슨 능력이 부족한지, 그 능력을 키우고 보강하려면 매일 어떤 과제를 주어야 좋을지 계획을 세워야 한다. 완성형에 따라 과정을 시뮬레이션할 수 있어야 적절한 어드바이스도 할 수 있다.

더구나 자신이 겪어 보지 못한 상황이나 문제에 부딪치면 시뮬레이션 능력을 발휘하여 부하를 이끌어 주어야 한다. 중요한 것은 '일단 한번 부딪쳐 보자'라는 자세가 아니라 분명하게 머릿속으로 결과를 그리고 과정을 세운 후에 행동하는 습관이다. 완성된 모습과 시뮬레이션으로 만든 확실한 설계도를 손에 쥐면 능률적으로 일할 수 있는 조건이 갖추어진다.

회사에 이익인 사람 회사에 손해인 사람

열린 마음이 있으면 발전한다

나는 비즈니스에 필요한 요소를 다음과 같이 정리하고 있다.

- 일하는 머리가 좋을 것
- 열린 마음
- 에너지의 양

위 세 가지 조건은 누가 가르쳐 주거나 스스로 훈련을 해서 좋아지는 것이 아니다. 이미 앞에서 '일하는 머리'에 대해 설명했으므로 여기서는 '열린 마음'에 대하여 살펴보도록 하자.

비즈니스맨이라면 누구나 공감하겠지만 일이라는 것은 일단 해 보지 않으면 결과를 예측할 수 없는 경우가 많다. 그러므로 당장은 의미를 알 수 없어도 지시받은 일이라면 일단 해 보자는 열린 마음을 갖는 편이 일도 빨리 배우고 능력을 발휘하는 속도도 빠르다.

아무리 재능이 우수해도 지금 같은 시대에 3, 4년씩이나 기다릴 수는 없다. 능력을 발휘하기까지 걸리는 시간이야말로 채용 여부를 결정하는 요소이다. 따라서 기업은 한결같이 시간을 단축시킬 수 있는 열린 마음의 소유자를 찾게 된다.

그렇다면 열린 마음은 어떻게 알 수 있을까? 그냥 봐선 '열린 마음'과 '예스맨'을 구별하기 힘들다. '열린 마음'의 인재를 찾다가 혹시라도 상사의 말이라면 무조건 따르고 지시받은 일만 열심히 하는 '예스맨'을 선택한다면 그야말로 큰일이다.

'열린 마음'과 '예스맨'의 가장 큰 차이점은 가치관의 유무이다. 내가 말하는 '열린 마음을 지닌 인재'란 '자신의 가치관과 기준이 확실한 사람'이다. 그러나 예스맨은 자신의 가치 기준이 없다. 언제나 상대방의 기준에 자신을 맞추는 것에 익숙하다.

자신의 가치관을 갖고 있는 것과 이해하지 못하더라도 지시대로 따르는 것은 정반대의 일처럼 들린다. 그러나 이것을 할 수 있는 인재는 분명히 존재한다. 자신의 가치관을 지키면서도 유연한 자세로 상대방의 가치관을 받아들이는 사람이다.

예를 들면 자신은 독실한 기독교 신자임에도 불구하고 이슬람교의 사람을 이해할 수 있는 것과 같다. 이들은 누구나 자신만의 가치관으로 삶을 살아간다는 것을 이해한다. 그리고 가치관의 일치, 불일치보다는 각자가 갖고 있는 가치관의 수준이 중요하다고 생각한다.

회사에 이익인 사람 회사에 손해인 사람

여러 번 경고했음에도 실수로 예스맨을 채용한다면 회사의 장래가 걱정스러울 뿐이다. 예스맨을 채용할 바엔 차라리 이해하지 못하면 행동으로 옮기지 않는 고집스러운 인재를 뽑는 편이 낫다. 그들은 이 해하기까지 시간이 좀 걸리지만 그래도 시간이 지나면 일을 잘하게 될 가능성이 높다.

그러나 가치기준이 없는 사람은 영원히 유능한 인재가 될 수 없다. 무슨 일이든 무조건 타인의 결정에 따르는데 익숙하므로 판단능력 자체가 없기 때문이다.

09

인생의 목표는 어디쯤이 좋을까?

　　이제부터 비즈니스의 필수요소 중 하나인 '에너지'에 관한 이야기를 해 보자.

　　회사는 직원들의 사기를 북돋아 주려고 인센티브 제도를 만든다. 그밖에 보장제도, 삭감제도 아니면 동기부여를 위해서 '지옥훈련'과 같은 힘든 연수를 실시하기도 한다. 대담성을 키우려는 목적으로 큰 소리로 노래를 시키는 연수도 있다. 어쨌든 이 모든 것들은 일에 대한 의욕을 일시적으로 높일 수는 있다. 그러나 지속성이 없다. 연수가 끝나면 얼마 지나지 않아 다시 제자리로 돌아온다.

　　아무리 별별 방법을 다 동원해도 사람이 갖고 있는 잠재 에너지의 절대 양은 변하지 않는 것이다. 에너지의 양은 태어날 때부터 정해져 있다. 훈련만으로 그렇게 간단히 늘거나 줄어드는 성질의 것이 아니다. 그렇다면 에너지의 양은 어떻게 측정할 수 있을까?

우선, 겉모습을 너무 믿으면 안 된다. 체격이나 목소리, 활기차고 밝은 성격 등은 아무런 상관이 없음에도 불구하고 이를 기준으로 삼아 잘못 채용하는 담당자가 많다. 입사지원서를 내는 쪽도 마찬가지다. 활기차고 밝은 모습이 중요하다고 생각하고 자신의 건강한 모습을 어필하기에 바쁘다.

에너지의 양은 일에 대한 의욕을 보면 알 수 있다. 의욕의 크기와 에너지의 양은 비례한다. 인생의 목표가 무엇인지, 목표의 강도와 높이는 어느 정도인지. 나는 이것을 가리켜 '인생 목표의 높이'라고 부른다. 사람은 자신이 원하는 목표 이상으로 도달하기 힘들다. 스포츠도 마찬가지다. 프로 야구선수의 꿈을 꾸지 않고 프로가 된 선수는 한 명도 없다.

'인생 목표의 높이'는 타인이 그 위치를 바꿀 수 없다. 자신이 정한 목표의 높이는 스스로 올리지 않으면 아무도 대신 높여 주지 않는다.

'독립의지'를 에너지 측정 기준으로 삼는 경우가 있다. 장차 사장이 되려고 진지하게 생각하는 사람은 일단 다른 사람에 비해 달성의지가 높다. 영업 목표를 조금 무리하게 잡아도 사장이 목표인 직원은 어떻게든 달성하려고 노력하고 스스로 더 높은 목표를 세워 달려간다.

주로 자영업을 하는 부모 밑에서 자란 사람은 자립심이 강하다. 이것은 어디까지나 일반적인 경향을 말하는 것이고, 샐러리맨 가정에서 컸어도 자립심이 강한 사람이 있다. 하지만 분명한 것은 자립심이 강한 사람의 환경이 대부분 자영업이라는 사실이다. 가정환경은 자립심형성에 상당히 큰 영향을 미친다.

목표를 향해 나아가는 능력은 물론이고 우선 목표를 확실하게 세우는 능력이야말로 개인과 기업을 발전시키는 힘이다.

성공의 설계도를 쥐고 한 걸음씩 나아가는 기쁨

성공한 사람을 가리켜 흔히 "한 가지 재주가 남다르다."라는 말을 한다. 그런데 한 가지 재주가 뛰어난 사람은 한결같이 자신만의 '인생철학'을 갖고 있다는 공통점이 있다.

많은 소년들이 '프로야구 선수가 되고 싶다'는 꿈을 꾼다. 그리고 고교야구단에 들어가면 '고시엔에 출전하고 싶다'는 조금 더 큰 희망을 갖게 된다. 그런데 그 꿈을 실현할 수 있는 사람은 거의 없다. 고시엔에 출전하려면 치러야 할 대가가 너무 크기 때문이다. 연습에 연습을 거듭해야 하고 쉴 틈도 없다. 여자친구는 꿈도 못 꾼다. 빛나는 청춘은 운동장에서 흘리는 땀과 함께 사라져 버린다. 결국 이를 견디지 못하면 "그렇게까지 고생해서 고시엔에 가지 않아도 상관없다."며 포기해 버린다.

한 가지 남다른 재주를 갖고 있는 사람은 이런 갈등을 극복한 사람들이다. '무엇이 되고 싶다'는 꿈이 누구보다 강렬하다. 다른 것을 포기하고 맞바꾸면서까지 자신이 그 일에 파고드는 이유를 끊임없이 되새기고 독려한다. 이러한 과정 속에서 '나는 무엇을 위해 살고 있는가?'라는 인생철학이 생기는 것은 그리 신기할 일이 아니다.

동기부여란 인생 목표의 높이와도 같다. 타인의 힘으로 바꿀 수 없으며 자신의 인생목표를 남이 높여 줄 수는 없다.

'얼마만큼 유능한 사람이 되고 싶은가', '어떤 사람이 되고 싶은가'는 결국 어떤 삶을 꿈꾸는가의 의미다. "저는 그렇게 힘들게 일할 생각이 없습니다. 그저 5시에 퇴근하고 돌아갈 가정만 있으면 됩니다."라고 처음부터 못 박아 말하는 사람에게 "부장 승진을 목표로 열심히 일하게!"라고 하는 것은 벽에 대고 말하는 것이나 똑같다.

일에서 도망치면서 인생에서 도망치지 않는 것이 과연 가능할까? 회사에서는 동료 뒤만 따라가는 소극적인 사람이 집에서는 적극적으로 육아를 돕는 아버지가 될 수 있을까? 전혀 없다고 단정 지을 수는 없지만 그래도 있다면 얼마나 있을까? 이제 산업전사의 시대는 끝났고 일에만 전력투구하는 사람도 찾아보기 힘들다. 오히려 요즘은 일을 잘하는 사람들이 육아에도 적극적이다.

많은 사람들이 보람된 일에 종사하기를 원한다. 그런 사람들에게 나는 이렇게 충고한다. "보람된 직업과 보람되지 않은 직업이 따로 있는 것은 아닙니다." 현실적으로 일 자체만으로 보람을 느끼는 것은 힘들다. 그렇다면 '보람'은 어디에서 찾는 것이 좋을까? 보람은 결과에 기대를 걸고 일할 때 생겨난다.

자원봉사를 생각하면 이해하기 쉽다. 일 자체는 사람들이 좋아하는 성질의 것이 아니다. 단순하게 일만 놓고 보면 보람이 느껴지지 않는 것이 대부분이다. 하지만 자원봉사에 종사하는 사람들은 이구동성으로 "보람을 느낀다."라고 말한다. 보수나 일의 즐거움을 뒷전으로 하면서도 보람을 느끼는 이유가 무엇일까? 일에 거는 기대가 크기 때문이다. 봉사자들에게는 '기대'가 '보람'이 되어 돌아온다.

　삶에서 보람을 못 느끼는 사람은 일에서도 보람을 찾기 힘들다. 그 반대도 마찬가지다. 일하는 보람이 없는데 보람찬 인생을 산다는 것은 있을 수 없다. 일이란 삶의 한 부분이며, 따로 떼어놓고 생각할 수는 없다.

　인생은 목표의 높이가 중요하다. 적성은 있을지언정 사람의 능력에는 그다지 큰 차이가 없다. 높은 인생목표의 설계도를 갖고, 그 한계를 극복하려고 노력하는 자만이 이길 수 있다.

11

책임감은 후천적으로 길러진다

지금까지 많은 사람을 만나면서 깨달은 것 중의 하나가 바로 책임감이다. 책임감이 강한 인재의 성장 배경을 살펴보면 공통점이 있다. 바로 부모의 사고가 올곧다는 점이다. 가정환경이 인격형성에 그만큼 큰 영향을 미친다는 사실을 증명이라도 하는 것일까?

가정환경이라고 해서 단순히 집안, 부모, 경제적인 상태 등을 말하는 것이 아니다. 자녀는 부모의 성격과 가치관을 마치 거울처럼 있는 그대로 반영한다.

채용한 사람이 무책임하고 자기중심적일 경우, 그 부모를 살펴보면 예외 없이 무책임하고 이기적인 성격이다. 그런데 그 반대의 경우는 반드시 그렇지 만도 않다. 책임감이 강한 사람이라고 해서 반드시 그 부모도 책임감이 강한 것은 아니다. 부모의 모습이 반면교사가 될 수도 있다. 즉 부족한 사람의 부모가 부족한 경우는 있어도 훌륭한 사람의 부모가 모두 훌륭한 것은 아니다.

좋은 환경에서 자라면 나쁜 사람이 될 가능성이 적다. 그래서 누구나 자식만큼은 조금이라도 더 나은 환경에서 키우고 싶어 하는 것이 아닐까?

앞에서 자영업을 하는 가정에서 성장하는 자녀들이 동기부여가 강하다는 이야기를 했다. 책임감도 비슷한 경향을 보인다. 어려서부터 일하지 않으면 먹지도 말라는 것을 당연하게 여기고 무책임하게 일하면 보수를 받을 수 없다는 것을 누구보다 잘 안다. 따라서 기업에 취직해도 자신의 실력 이상으로 무리한 보수를 기대하지 않는다. 오히려 자신의 실적에 따른 정당한 보수를 바란다. 대기업에서 일하는 것만이 능사가 아니라는 것도 이미 알고 있는 것은 아닐까?

12

튀는 사람, 특별한 사람, 가능성 있는 사람

입사지원자들이 몰리는 대기업에서도 자진해서 내정을 포기하는 사람이 나온다. 대기업은 대기업끼리 치열하게 인재 쟁탈전을 벌이기 때문이다. 따라서 모집에 거금을 들이고 인터넷 홍보에도 한층 더 힘을 쏟는다.

대기업에도 남모르는 고민이 있다. 입사지원자의 대부분이 안정지향적인 성격이라는 점이다. 물론 대기업은 전 사원의 90%가 안정지향적인 성격이라도 크게 문제되지 않는다. 그 편이 오히려 회사를 유지하는 데 편리할 수도 있다. 이미 노하우와 시스템이 정착되어 있으므로 지시대로 일할 수 있는 착실한 인재만 채용하면 된다.

그러나 5% 정도는 회사에 순응하지 않는 사람들이 필요하다. 자신이 하겠다고 나서는 사람, 전혀 새로운 것을 만들고 싶어 하는 사람, 독립심이 강한 사람 등 한마디로 '튀는 인물'들이 없으면 회사가 활성

화되지 않는다.

내수시장을 키우려고 아무리 애를 써도 소비가 늘지 않는 원인은 무엇일까? 불황이 길어지면서 '너도나도 중류층'이라는 의식이 사라지고 이제는 '너도나도 빈곤층'이란 의식을 가졌기 때문일까? 이것도 무시할 수는 없다. 그러나 내수시장을 위축시킨 원인은 그것뿐이 아니다.

'이제 더 이상 사고 싶은 물건이 없다!'

일본인의 가계 저축률은 1976년에 최고치인 23.2%를 기록한 이래로 계속 하강세였다. 그렇지만 1990년 12.1%를 고비로 91년 이후 다시 상승세를 타고 현재는 세계 1위를 지키고 있다. 사람들은 이처럼 악착같이 돈을 모으고 있다. 그들의 지갑을 열기 위해서는 지금까지 본 적이 없는 독특한 것을 만들어 낼 '튀는 인물'들의 힘이 필요하다.

지금처럼 불경기가 악화된 데에는 대기업의 인재채용 방식도 한몫했다. 많은 대기업이 아예 안정 지향적인 사람을 채용하기 때문이다.

내 고객 중에 꽤 유명한 대기업이 있었다. 중소기업 일색이던 고객 중 보기 드문 케이스였다. 여하튼 이 회사는 작년까지 1만여 명의 지원자 중에서 학벌 순으로 1,500명만 골라서 면접하고 채용했다. 하지만 이런 방법으로는 좋은 인재를 만날 수 없다. 왜냐하면 자사 입사를 간절히 원하는 안정 지향적인 지원자만 채용하기 때문이다. 미래에 라면 가게를 여는 것이 꿈이라든지, 영업기술을 익히고 싶다든지, 증권회사에서 일하고 싶다는 사람은 처음부터 채용 대상에서 제외시켰다.

그러나 안정된 대기업이라면 채용자의 5% 정도를 일부러 자사에 흥미를 느끼지 못하는 인재에서 뽑아 보면 어떨까?

출판사의 경우도 마찬가지다. 오로지 책을 사랑하는 문학도들로만 회사를 세울 수는 없다. 학원도 교사 지원자, 교육에 관심이 있는 사람, 아니면 아이들을 좋아하는 사람들이 모이기 일쑤다. 하지만 아무리 학원이라 해도 한 가지 성향의 인재만 필요한 것이 아니다. 영업력을 갖춘 우수한 기획자가 없으면 제대로 운영되지 않는다. '교육사업'이라는 선입견을 깰 수 있도록 '학원 경영도 돈이 된다.'는 식의 어필을 해야 한다.

자사에 관심을 갖고 있는 사람 중에서 추려서 뽑을 것이 아니라 우리가 뽑은 인재들이 우리 회사에 관심을 갖도록 만드는 것이 채용의 기본이다. '어떻게 하면 우리 회사에 오고 싶도록 만들까?'라고 궁리하는 것은 채용담당자의 임무다.

자기 일도 못하면서 남을 가르칠 수는 없다

"명선수라고 해서 반드시 명감독이 되란 법은 없다."는 말처럼 현재 메이저리그 감독 중에는 선수시절 명선수로 이름을 날린 사람이 드물다. 일본 프로야구도 마찬가지다.

그러나 전혀 야구를 해 보지 않은 사람이 남에게 야구를 가르칠 수는 없는 노릇이다. 어느 정도의 수준을 겸비했던 선수라야 명감독이 될 수 있는 것이다.

명감독이 된 세이부 라이온스의 이하라 감독을 생각해 보자. 물론 그의 실력 정도면 뛰어난 선수가 되고도 남을 법한데 그는 명성을 떨친 선수는 아니었다. 하지만 그렇다고 해서 선수 시절 만년 꼴찌만 하던 선수는 아니었다. 최소한 기본은 한 선수였다.

100미터를 12초에 달리는 선수의 기록을 11초로 앞당기려면 어떻게 훈련해야 할까? 변화구를 못 맞춘 것은 스윙이 나빠서일까? 공을 제대로 보지 못해서일까? 이러한 것들을 모르면 선수를 지도할 수 없다.

경영자나 상사 중에서 자기 일은 못하지만 남을 가르치는 것은 잘한다고 생각하는 사람이 있다면 하루 빨리 그 착각에서 빠져 나오기 바란다. 그것은 말도 안 된다. '영업 실적은 바닥이지만 가르치는 것만큼은 자신 있다.'라고 생각하는 직원도 마찬가지다.

거듭 강조하지만 자기 일도 하나 해 내지 못하는 사람이 남을 가르친다는 것은 있을 수 없는 일이다. 최고는 못되더라도 적어도 상위 5% 정도의 실력자 범주에 들어가지 않으면 부하직원을 키울 자격이 없다. 무능한 상사 밑에서 일 배우는 부하 직원처럼 불쌍한 처지는 없다.

14

일 못하는 사람의 대명사는 무엇일까?

일을 잘하는 사람들을 보면 몇 가지 공통점이 있는데 그 중의 하나가 '속도'다. 흔히 우리는 '일 잘 하는 사람은 일 처리가 빠른 사람'이라고 생각한다. 따라서 '일 처리가 늦다'는 말을 듣는 사람이라면 '일을 못한다'는 평가를 듣는 것이라고 생각해야 한다.

나는 지금까지 수많은 사람을 만났지만 '속도는 느려도 일은 잘하는 사람'을 본 적이 없다. 물론 일을 빨리 처리한다고 해서 질이 떨어지면 의미가 없는 것도 사실이다. 그렇지만 질적인 면과 속도가 반비례한다고 생각하면 그것은 착각이다.

'일을 차근차근 제대로 해야 하니까 시간이 걸리는 것은 어쩔 수 없다.'라고 말할지도 모른다. 그러나 실제로는 일의 속도가 빠른 사람이 질도 높다. 속도와 질은 비례한다.

직장인들을 보면 한눈에 알 수 있다. 어디까지나 일 처리가 빠른 사람이 질도 높다. 시간은 오래 걸리지만 기막히게 맛있는 음식을 만들어 내는 일류 요리사를 본 적 있는가? 오히려 요리사는 재료의 신선도를 얼마나 유지하며 빠르게 맛있는 요리를 선보이는가에 의해서 솜씨를 평가받는다. 아무리 시간과 정성이 많이 들어간 음식을 내놓더라도 신선도가 떨어지면 맛의 평가는 떨어진다.

일을 잘 하려면 '속도'에 익숙해져야 한다. 일을 할 때 스스로 목표를 정해 시간과 겨루는 것도 좋은 방법이다. 예를 들어 1주일 걸리는 일을 3일에 끝내도록 스케줄을 짜 보는 것은 어떨까? 스피드가 두 배 이상 빨라질 테니 아마도 눈이 핑핑 돌 정도로 바쁠 것이다. 처음부터 3일 안에 끝내기란 어렵다. 하지만 중요한 것은 그 속도에 익숙해지도록 노력하는 것이다.

빠른 속도에 익숙해지면 오히려 지금까지의 자기 속도가 느렸다는 것을 느끼게 된다. 그렇게 일을 하다 보면 속도는 점점 빨라지고 단위 시간 안에 소화시킬 수 있는 일의 양도 늘어난다. 그리고 짧은 시간에 많은 일을 소화하기 위해 연구하는 것 자체가 일의 '질'과 연결된다.

스스로 느끼는 시간의 속도를 '체감 시간'이라고 한다. 일반적으로 일을 잘하는 사람이 느끼는 체감 시간은 일을 못하는 사람보다 빠르다. 빌 게이츠가 느끼는 한 시간과 보통사람이 느끼는 한 시간은 전혀 다르다.

일 처리가 서툰 사람과 대화하다 보면, 1분이면 이해할 수 있는 말을 한 시간 동안 하는 경우가 있다. 그럴 경우 상대방의 시간은 마치

정지한 것처럼 느껴진다. 머리를 써서 연구하고 속도를 올려 자신의 체감 시간을 단축하는 것도 일을 잘 할 수 있는 방법 중 하나임을 기억하자.

15

속도가 능력을 말해 준다

　　일의 스피드를 높이려고 고민하다 보면 처리 능력을 높이는 것이 필요하다고 깨닫게 된다. '일처리 능력'은 다른 말로 '일처리 속도'라고 할 수 있다.

　　대부분 '일처리 속도'라고 하면 '일을 시작해서부터 끝마칠 때까지의 모든 속도'라고 생각한다. 물론 틀린 말은 아니다. 그러나 일처리 능력을 높이는 데 빼놓을 수 없는 중요한 요소가 있다. 그것은 바로 '일을 실행하기까지의 속도'이다. 이 능력은 단순 사무직이 아닌 기획과 같이 머리를 사용하여 무엇인가 계획을 세우고 만들어 내는 일에 아주 중요하다.

　　기획서를 작성한다고 가정하자. 기획 자체를 고안해 내는 시간은 몇 시간이나 걸릴까? 물론 개인의 능력이나 기획 내용을 고려하지 않으면 안 되겠지만 어림잡아 두 시간에서 48시간 사이이다.

사람이 의지로 지속시킬 수 있는 집중력의 한계는 두 시간이라고 한다. 그러므로 두 시간 내에 떠오르지 않는 기획이라면 한 번 쉬었다가 다시 집중해야 한다. 그렇게 연속적으로 집중할 수 있는 한계가 48시간이다.

　두 시간 동안 집중해도 떠오르지 않는 기획은 이미 그 사람의 능력 밖이다. 기획 하나를 세우는데 1주일 혹은 2주일씩 걸리는 사람이 있다. 그 기간 동안 쉬지 않고 계속 생각을 한다는 것이 가능할까? 실제로는 기획서를 작성하는 이틀 정도가 집중하는 시간이다. 그럼에도 2주일이란 시간이 필요한 사람은 집중하기까지, 즉 '일을 시작하기 전'에 많은 시간을 소모하기 때문이다. 따라서 이런 사람들이 일처리 능력이 떨어진다는 평가를 받는 것이 당연하다. 이틀 만에 할 수 있는 일을 2주일씩이나 사용했기 때문이다. 일 잘하는 동료가 기획서 다섯 개를 쓰는 동안 단 하나밖에 못 써낸다는 것이므로 변명의 여지가 없다.

　구원 투수 두 사람이 등판 전에 몸을 풀고 있다고 가정하자. 한 사람은 30분, 다른 사람은 20분이면 준비가 끝난다. 팀이 궁지에 몰렸을 때의 10분은 어마어마한 시간이다. 시합 때마다 같은 일이 반복된다면 어느 선수에게 보다 많은 등판의 기회가 주어질까?

　'본격적으로 일에 착수하기까지 걸리는 시간'을 줄이려면 바로바로 일을 처리하는 습관을 길러야 한다. 눈앞에 놓인 의문점이나 과제를 미루지 말고 답을 내는 훈련을 해 보자. 매일 연습하다 보면 어느새 익숙해지고, 어떤 일이라도 대기시간 없이 할 수 있을 것이다.

이것은 시간을 효율적으로 사용하는 방법으로 연결된다. 어떤 일에 어느 정도의 시간을 할애해야 하는가를 파악한다는 것은 우선순위를 정하고 일한다는 뜻이고, 집중해서 일하는 방법도 알고 있다는 의미다.

회사에 이익인 사람 회사에 손해인 사람

일처리 능력을 높이는 데 도움이 되는 정보

동시에 여러 가지를 생각하는 것이 불가능할까? 자랑 같지만 나는 늘 동시에 생각하고 있다. 나뿐만이 아니라 하루 동안 처리해야 할 안건이 쌓여 있는 오너라면 분명히 이렇게 하고 있을 것이다. 한 가지 일만 곰곰이 생각한다면 일을 24시간 안에 끝낼 수가 없다.

아침에 눈을 뜨면 생각해야 할 일이 다섯 건에서 열 건이 동시에 떠오르는 경우가 있다. 신속하게 처리하지 않으면 순서를 기다리는 안건들이 급속히 쌓여 버린다. 게다가 생각이 필요한 작업이라 대부분 결과가 나오기까지 시간이 오래 걸린다. 한 개 두 개 밀리기 시작하면 걷잡을 수 없다.

몇 시간씩 생각한다고 해서 반드시 결과가 나온다는 보장도 없다. 하지만 해결하기 힘들다고 그냥 내버려 둘 수도 없는 노릇이다. 아무튼 하나만 붙잡고 있으면 다른 일이 멈춰 버린다. 하는 수 없이 동시에 여러 가지를 생각해야 한다. 한 번에 여러 가지를 생각할 수 있도록 만들어진 뇌는 실로 강력하다. 실제로 내 경우 일을 처리하는 속도가 눈에 띄게 빨라졌고, 한 시간 동안 생각할 수 있는 양이 비약적으로 늘어났다.

많은 사람들은 일하는 과정을 통해 자연스럽게 머리를 사용하는 방법을 익힌다. 생각하는 양을 늘리고 싶다면 의식적으로 머리 구조와 사용법을 익힐 것을 추천한다.

내가 사용하는 방법은 두뇌를 재빨리 바꾸는 것이다. 여러 가지를 동시에 생각한다고 했지만 엄밀히 따지면 한 순간에 생각하고 있는 것은 하나뿐이다. 그리고 다음 순간에 다른 것, 또 그 다음 순간에 다른 것, 이런 식으로 아무리 많아도 한 순간에 하나씩 재빨리 처리하고 다음 안건으로 넘어갈 수 있도록 한다.

처음에는 서너 가지 안건부터 시작해 보자. 일단 하나를 처리하면 다음 안건으로 넘어간다. 이렇게 3개월만 연습하면 동시에 여러 가지를 생각할 수 있는 능력이 길러지고 처리 능력도 놀랄 만큼 빨라질 것이다.

모두 함께 생각하는 것은 소용없다

직원 모두가 각자 의견을 내 놓는 것은 중요하다. 하지만 모두가 하나의 아이디어를 구상하는 것은 의미가 없다. 예를 들어 새로운 상품 기획을 열 명이 함께 한다고 하자. 열 명이 각자 한 가지씩 완성품을 가지고 와서 서로 의견을 교환하는 것이라면 몰라도, 열 사람이 동시에 하나의 상품을 생각해 내는 것은 의미가 없다.

상품이나 기획을 구상하는 것은 물건을 만들어 내는 것과 같다. 작곡이나 도자기 공예 같은 창작활동은 예술가 한 사람의 뇌가 모든 구상을 지배한다. 하나의 예술작품을 여럿이 함께 만들 수는 없다. 마찬가지로 상품개발이나 기획, 전략 등 창조적인 작업의 경우에도 팀이 아닌 한 사람의 인재에게 맡길 수밖에 없다. 많은 사람들이 함께 작업을 한다고 해서 좋은 상품이나 기획이 나오는 것은 아니다.

일을 제대로 못하는 사람일수록 무슨 일이든 팀을 만들고 싶어 한다. '사이좋게', '모두가 서로 협력해서'라는 말은 그럴듯하다. 그러나 그것은 일하는 것이 아니다. 함께 하면 자신의 부족한 실력이 크게 드러나 보이지 않을 것이라는 비겁한 생각이 숨어 있기 때문이다.

"모두 함께 생각하자."라고 말하는 사람이 있다면 그는 분명 회사에도 도움이 안 되는 사람일 것이다. 이렇게 말하는 대부분의 사람은 최선을 다해서 생각하지 않는다. 그런데도 왠지 열심히 일하는 기분은 충분히 맛볼 수 있다. 그래서 더욱 바람직하지 않다.

진정한 창조자는 늘 홀로 고통을 수반하면서 작품을 만들어 낸다.

18

단돈 100엔으로 '쩨쩨하다'는 평판을 얻은 사람

앞에서도 잠시 언급했지만 고시바 교수가 노벨상을 수상하자 일약 유명해진 것은 '하마마츠 포토닉스'라는 회사였다. 고시바 교수가 자신을 밀어주던 히루마 사장에게 연구비가 없다고 털어놓자, "다 가져가, 이 도둑놈아!"라고 대답했다는 재미있는 일화도 덩달아 유명해졌다.

경제지는 너 나 할 것 없이 '하마마츠 포토닉스'를 취재해 갔다. 프레지던트사가 발행하는 「프레지던트」는 6페이지나 되는 특집기사를 싣기도 했다. 특히 노벨상 수상 3개월 전부터 출판 관계로 히루마 사장을 꾸준히 취재하고 있던 저널리스트가 쓴 기사에는 숨은 에피소드가 많이 실려 있어서 무척 재미있었다.

평범한 기업이라면 자사 선전에 있어 절호의 찬스라고 여기고 사장이 쓴 책을 최대한 배포했을 텐데 '하마마츠 포토닉스'는 전혀 그렇지 않았다고 한다. 사장은 노벨상 발표 이후에 밀려드는 매스컴에게 "우리는 미래를 바라보고 있다. 지금 와서 그런 옛날이야기가 무슨 소용이 있는가?"라며 차갑게 대했다고 한다. 나는 그 이야기를 듣고 눈앞의 이익에 흔들리지 않는 회사의 그릇에 다시 한 번 놀랐다.

사람의 그릇 크기는 노력한다고 해서 바뀌지 않는다. 타고난 천성과 20세까지의 환경에 의해서 결정된다. 사람을 채용할 때는 미리 그릇의 크기를 재 두는 것이 좋다. 히루마 사장까지는 안 되더라도 눈앞의 이익에 쉽게 흔들리는 작은 그릇은 확실하게 걸러 내야 한다.

함께 식사를 하고 계산은 각자 할 때, 잔돈이 정확하게 나누어지지 않을 경우가 있다. 다들 600엔씩 내는데 한 사람은 500엔만 내도 된다고 해서 얼른 500엔을 내놓는 사람은 조금 곤란하다. 100엔을 아낀 대신 '쩨쩨한 사람'이라는 인상을 주게 되어 긴 안목으로 보면 오히려 손해를 보는 행동이 된다.

그릇의 크기는 상대방이 무심코 지나간 에피소드를 말할 때 어느 정도 짐작할 수 있다. 예를 들어 사물을 장기적인 안목으로 생각하는지, 친구관계나 클럽활동은 어떤지, 회사를 선택할 때 무엇에 가장 가치를 두는지 등이다.

최종적으로는 그 사람의 목표를 보면 그릇의 크기를 알 수 있다. 어쩌면 큰 그릇을 찾는 것보다 작은 그릇을 걸러 내는 편이 쉬울지도 모른다.

책임감도 마찬가지다. 책임감이 강한 인재보다는 책임감이 없는 사람을 알아내는 편이 쉽다. 책임감이 없는 사람은 말이나 행동에서 금세 드러난다. 조금이라도 문제가 보이면 책임감 없는 사람이라고 판단해도 좋다.

또 "이 회사를 지망한 이유를 세 가지로 요약해 보세요."라든지 "안정된 회사란 어떤 회사라고 생각하는지 세 가지로 설명해 보십시오." 등과 같은 질문을 던지는 것도 상대방을 파악하기 위한 좋은 방법이다. 대답에 따라서 상대방의 판단 기준을 알 수 있다. 또한 대답하는 방식과 수준을 보면 머리가 좋은지, 논리가 정연한지를 알 수 있다.

긍정적으로 생각해야 자기부정을 할 수 있다

프로야구에는 '2년차 징크스'라는 것이 있다. 첫 해에 활약한 신인선수가 이듬해에 슬럼프에 빠지는 현상이다.

내가 보기에 이것은 징크스가 아니다. 단지 처음 1년의 활약으로 '나는 이제 프로로서 손색이 없다'고 생각하는 교만이 초래할 결과일 뿐이다. 그리고 이것은 처음으로 겪게 되는 선수생명의 위기로 이어진다.

미국의 메이저리그에서 활약하고 있는 스즈키 이치로鈴木一朗는 위기를 어떻게 극복하고 있을까? 이치로는 훌륭한 결과가 나오더라도 결코 자기 실력이 충분하지 않다고 생각하며 항상 '아직 미숙하다', '연습이 더 필요하다'고 다짐한다고 한다. 한마디로 '자만'과 반대되는 사고방식으로 '자기부정'을 하는 것이다.

최고의 위치에 있는 운동선수 중에는 이런 사람들이 많다. 이들은 아무리 결과가 좋아도 자만하지 않고 겸허한 자세로 자기를 부정한다. 이것이야말로 남다른 노력의 원천이고 최고의 자리를 지킬 수 있는 비결이다.

비즈니스 세계도 마찬가지다. 회사마다 늘 우수한 실적을 내는 인재가 있는데 그들은 현상을 유지하기 위해서, 아니 그 이상으로 발전하기 위해서 항상 자기를 부정하는 마음을 갖는다.

그런데 자기부정을 '부정적 사고'와 혼동하는 사람이 있다. 부정적 사고란 시작하기 전부터 결과를 나쁜 쪽으로 예상하는 것이다. 자기부정과 부정적인 사고는 전혀 다르다. '자기부정'이란 현재 자신의 실력을 부정하는 일이고 '부정적 사고'란 '나는 어떻게 해도 안 된다'는 마음으로 과거부터 미래의 자신을 모두 부정하는 것이다. 그런 사람의 미래는 암흑일 뿐이다.

'지금의 나에게 만족할 수 없다'는 자기부정은 결코 미래의 자신까지 부정하지 않는다. 오히려 "더 노력해서 지금보다 더 높은 목표를 향하자."는 긍정적인 방향으로 생각을 바꾸게 해 준다. 긍정적 사고는 결과를 좋은 방향으로 생각하는 그야말로 적극적인 사고방식이다. 성공한 사람 중에 이런 타입이 많은 것은 당연하다. 시작부터 나쁜 결과를 예상하고 행동하는 사람은 아무도 없다. 좋은 결과를 예상하니까 의욕이 생기는 것이고, '시작'이 있으므로 '결과'도 기대할 수 있다. 이런 의미에서 긍정적 사고는 '성공의 열쇠'라고 할 수 있다. 이 열쇠가 없으면 성공이라는 문은 결코 열리지 않는다.

'나는 아직도 멀었다'는 자기부정은 '자만심'을 멀리하고 더욱 노력하게 만든다. 그런 모든 과정을 이겨내기 위해서라도 자신의 모습을 더욱 긍정적으로 그려야 한다.

그럼 자기부정의 습관은 어떻게 만드는 것일까? 여기에는 자기 자신을 측정하는 '자'가 필요하다. 이 자의 눈금이 10점 만점이라고 하면 아무리 잘해도 자신에게 5점 이상을 주어서는 안 된다. 자신에게 줄 수 있는 최고의 평가를 계속 5점에 머물게 해야 한다. 이렇게 하면 언제까지나 자기 자신에게 만족할 수 없기 때문이다. 그러므로 계속 노력하게 되고 실력이 점점 높아진다.

영업이나 기획 또는 경영도 마찬가지다. 자신에게 후한 점수를 주는 사람은 일을 잘할 수 없다. 일을 잘하는 사람이라면 분명히 자신을 5점 이하라고 대답할 것이다. 자신의 점수를 영원히 5점 이하로 매길 수 있는 사람만이 멈추지 않고 발전할 수 있다.

자격증에 집착하는 '보통 사람들'

　　구직자들은 일단 취업전선에 뛰어들면 '어디든 취직부터 하고 보자.'는 생각만 하고 '그 회사에 들어가면 무슨 일을 할 수 있을까?'라는 고민을 하지 않는다.

　　그리고 '우선 되는 대로 여러 가지 자격증을 취득하자'는 결심을 한다. 취업에도 유리하고 입사 후에도 도움이 될 것이라고 생각하기 때문이다. 그런데 이름이 좋아 자격증이지 실제로는 거의 쓸모가 없다. 전문학원에서 공부하고 사회로 나가서 1년 만에 인정받는 영업사원이 될 수 있다고 생각한다면 큰 오산이다. 그런 일은 일어나지 않는다. 전문학원에서 가르쳐 주는 공부란 그저 평균적인 능력에 관한 것이기 때문이다. 평균적인 능력 따위는 아무런 의미가 없다.

　　그렇다면 취직을 준비하는 구직자들은 어떤 기술을 익히는 것이 좋을까? 현재 필자는 연수과정에 대한 구상을 하고 있는데 '스파르타

식 인재양성학원'처럼 전문 경영자를 강사로 초빙하여 '영업력, 기획력, 경영력 연수'를 따로 하려고 한다. 이 세 가지 능력을 전문적으로 차별화 하여 끌어올리는 것이 목표다.

앞으로 요구되는 인재는 '보통의 상식으로는 도저히 팔 수 없는 것을 팔 수 있는 영업력' 또는 '보통사람은 만들 수 없는 것을 개발해 낼 정도의 기획력'을 갖춘 인재다. 어느 쪽이든 평균보다 월등히 뛰어나야 한다.

나는 대학 3학년 때 이미 인재양성학원을 구상했다. 4학년생을 모집해서 경영자들이 원하는 인재, 다시 말해서 입사 후 바로 실력을 발휘하는 인재들로 키우고 싶었다. '기획이란 무엇인가?', '영업이란 무엇인가?'라는 기본적인 것부터 시작하여 마케팅, 기획하는 방법, 최종적으로는 기획서 작성법까지 자세하게 가르쳐 주고, 배운 것을 곧바로 실전에서 사용할 수 있도록 만드는 것이다. 다시 말해 사회인으로서 출발하기 전에 비즈니스의 기본은 물론이고 특별한 능력이나 일에 대한 자세를 확실하게 갖출 수 있도록 교육하는 시스템을 갖추고 싶었다.

'일 잘하는 사람'을 채용하지 않으면 실적이 오르지 않는다. 그렇지만 '일 잘하는 사람'이 모여도 실적은 저절로 올라가지 않는다. 아무리 좋은 인재가 모여도 회사 내에 적절한 활용시스템이 없으면 아까운 보물이 그대로 묻히고 만다.

한 기업을 상승세에 올려놓으려면 모두가 노력해야 한다. 그리고 양쪽을 이어 주는 다리 역할의 사람도 시류를 정확히 읽어 내고 그것을 바탕으로 서로에게 가장 필요한 것이 무엇인지 전달해야 한다.

'직업을 구하는 것'은 '생활방식을 구하는 것'

　　면접을 보러 온 사람에게 자주 하는 질문이 있다. 바로 "당신의 경쟁상대는 누구입니까?" 하는 것이다. 이때 아버지라고 대답하는 사람도 있고 친구 혹은 존경하는 선배라고 하는 사람도 있다. 그리고 간혹 프로야구의 마쓰이 히데키_{松井秀喜: 현재 뉴욕 양키스에서 활약} 선수나 이치로 선수를 들기도 한다. 기억에 남는 독특한 대답으로는 야쿠시마_{생태관광지이며 세계자연유산으로 유명한 섬}의 삼나무라는 것도 있었다. 삼나무보다 큰 사람이 되고 싶다는 의미였던가 보다.

　　나는 경쟁상대로 마쓰이나 이치로 선수를 선택한 사람들에게 그 진정한 의미를 알고 있는지 되묻고 싶다. 그것은 오로지 일이 전부인 인생을 택하겠다는 것과 같다. 그러나 지기 싫다고 하면서 근무시간을 최대한 단축하려고 하는 것은 누가 봐도 모순이다. 고교야구로 말하면 마치 고시엔에 나가고 싶다고 하면서 일주일에 이틀만 연습하겠다는 셈이다. 공부도 잘하고 연애도 하면서 고시엔에 나간다는 것은 불가능하다. 고시엔 출전은 능력이 뛰어나다는 전제조건과 함께 다른 모든 것을 포기해야 겨우 실현할 수 있는 꿈이다.

일은 자신이 선택한 인생에 의해서 결정된다. 무엇을 위해 사는가, 어떻게 살 것인가를 생각하지 않으면 직업을 선택할 수 없다. 유망해 보이는 직업을 선택한다 해도 10년, 20년 후에 어떻게 될지는 아무도 모르는 일이다.

진지하게 생각해 보면 마쓰이나 이치로가 현재의 위치에 오르기까지 얼마나 많은 노력을 했는지 알 수 있다. 물론 재능의 차이는 있겠지만 아무리 그들이 천재라고 해도 많은 것을 희생했을 것임에는 틀림없다.

'성공하는 사람'에게는 일도 개인적인 용무다

　　무조건 공과 사를 구분하려는 사람이 있다. 왜 그럴까? '사적인 일은 곧 인생'이고 '공적인 일은 단지 경제적인 수단'이라고 생각하기 때문이다. 또한 '먹고 살기 위해서 어쩔 수 없이 일을 하지만 가능하면 사적인 부분으로만 인생을 채우고 싶다'는 사고방식도 엿보인다. 그러나 실제 삶에서 많은 시간을 차지하는 자신의 일이 그토록 끔찍하게 느껴진다면 그의 인생은 너무도 가혹하다.

　원래 일이란 것이 그토록 하기 싫은 것일까? 일이란 많든 적든 사회의 필요에 의해서 생겨났다. 그리고 인간은 일을 통해 능력을 발휘함으로써 사회에 공헌할 수 있다. 그런 만족감이야말로 '삶의 보람'이 아닐까? 한 가지 분명한 것은 공적인 일과 사적인 일로 나누는 사람은 대부분 남이 시킨 일을 억지로 한다는 점이다. 스스로 선택한 일을 하는 사람은 억지로 일한다고 생각하지 않는다.

억지로 하는 느낌은 어디서 생길까? 그것은 '목표를 넘는가, 넘지 못하는가.'에서 시작된다. 100을 부탁받은 사람이 120, 130까지 초과 달성할 경우, 100 이상을 하는 것은 본인의 자유다. 그러나 만일 80밖에 못하고 있다면 '좀더 해 달라'는 재촉을 받는다. 그리고 이때부터 '억지로 하는 느낌'이 생기는 것이다.

공적인 일도 사적인 일도 모두 인생이라는 하나의 작품에 필요한 부분이다. 어디부터 일이고 어디부터 사적인 일인지 완벽하게 나눌 수는 없다. 그러므로 둘을 지나치게 구분하는 것은 좋지 않다.

전심전력으로 일해 보자. 목표치를 뛰어넘는 순간부터 '억지로 한다는 느낌'에서 해방될 수 있을 것이며, 이것이야말로 일을 즐겁게 할 수 있는 비결이다.

'유능한 사람들'의 관심을 모으는 기술

모집은 '희망'으로 선발은 '재능'으로

많은 경영자가 인재를 잘못 선택하는 이유는 '재능'과 '희망'의 차이를 모르기 때문이다. 필요한 인재를 선발하려면 이 두 가지의 차이점을 파악하는 것부터 출발해야 한다.

'재능'이란 한 마디로 그 사람이 지니고 있는 능력이다. 예를 들어 좋은 두뇌, 커뮤니케이션 능력, 열린 마음, 에너지, 기억력, 창조적인 센스 등 기업이 인재에게 바라는 조건이다. 그리고 '희망'이란 구직자가 원하는 조건이다. 구직자들은 취직활동을 시작하기 전에 여러 가지 꿈이나 목적을 갖고 있다. '어떻게든 독립하여 오너가 되고 싶다.', '평생을 안정된 기업에서 월급 받으며 편하게 살고 싶다.', '좋은 연구업적으로 노벨상까지는 안 되더라도 명예를 얻고 싶다.' 혹은 '무조건 돈을 많이 모으고 싶다.' 등 각자 다른 꿈을 안고 사회에 첫발을 내딛는다. 이러한 모든 꿈을 희망希望이라고 한다.

기업은 인재와 만날 때 이런 양측의 입장에서 상대방을 살펴보아야 한다. 대부분의 기업은 '자사가 요구하는 재능'만 생각한다. 가령 기업이 '진지한 인재'를 원할 경우, 진지한 사람을 모집하려는 의도를 강조하며 설명회를 진지하게 하고 진지하게 안내서를 만들고 자사가 진지한 회사라고 열심히 어필하면 과연 진지한 사람들이 모일까? 유감스럽지만 대부분의 사람들은 흥미를 느끼지 않는다. 그건 구직자의 재능만을 고려한 것이기 때문이다. 똑같이 진지한 사람이라도 독립하고 싶다, 돈을 벌고 싶다, 안정된 생활을 하고 싶다, 명예를 얻고 싶다 등 지향하는 꿈이나 목적은 각각 다르다. 그러므로 진지함을 강조한다고 해서 그 회사에 들어오고 싶다는 동기유발은 되지 않는다.

좋은 인재를 끌어 오려면 상대방의 희망이 무엇인지 파악하고, 그것을 최대한으로 활용해야 한다. 기업의 요구조건보다 구직자들의 희망사항을 우선하여 최대한으로 많은 사람의 흥미를 끌어 모으는 것이 중요하다.

기업의 이미지를 '진지함'이 아닌 '독립할 수 있도록 밀어 주는 회사'로 홍보하면서 인재를 모집한다고 가정하자. 회사는 독립을 꿈꾸는 구직자들이 흥미를 느낄 만한 정보를 모아서 안내서를 만들면 된다. '이 회사에 가면 내가 꿈꾸던 독립을 이룰 수 있을 것 같다'고 느끼게 만들면 안정된 대기업 입사를 원하지 않는 우수한 인재들이 알아서 찾아올 것이다.

다시 말해 자사에 흥미를 느끼게 하고, 입사동기를 유발시킨다. 그리고 그 중에서 재능이 있는 인재를 찾아낸다. 이렇게 점차 목표를 좁혀 가는 것이 순서다. '모집은 희망으로 선택은 재능으로'라는 표어라도 만들어 볼까?

우리 회사도 10년 이상 시행착오를 겪고 나서야 이런 노하우를 터득했다. 덕분에 인재 컨설턴트 회사로서 리쿠르트가 조사한 '가장 가고 싶은 회사 45위'라는 영광스런 순위를 얻었다. 솔직히 월급이 많은 것도 아니고, 휴가가 많은 것도 아니다. 단지 희망에 중점을 둔 인재 모집 방법이 성공을 거둔 결과일 뿐이다.

좋은 인재와 만나려면 가능한 한 많은 구직자들의 흥미를 유도하는 것이 중요하다.

회사의 이미지를 결정하는 것은 역시 첫인상이다

　　필자는 경영자나 인사담당자에게 조언할 때 제일 먼저 첫
인상의 중요성에 관하여 이야기하곤 한다. 사람들은 보통 '어떤 회사
인가, 상대방이 어떤 인물인가'를 판단할 때 첫인상을 매우 중요하게
생각한다. 어쩌면 중요하다고 하기보다 첫인상이 결국 마지막까지 간
다고 말하는 편이 정확하겠다.

　　"처음에는 어둡고 우울해 보였는데 알고 보니 재미있는 사람이군.
사람은 겉보기와 다른 법이야."라고 말하는 사람도 많다. 그렇지만 일
단 머릿속에 한번 입력시킨 정보는 다른 것으로 바꾸기까지 시간이
걸린다.

　　특히 영업사원이나 고객안내 담당자는 첫인상에 신경을 써야 한다.
잘 알고 지내는 한 부인은 승용차를 사려고 차종과 예산을 미리 정하
고 나갔는데 영업사원의 첫인상이 너무 나빠서 구입하려던 차의 메

이커까지 바꿨다고 한다. 그 정도로 첫인상은 중요하다.

면접담당자가 구직자의 눈에 별 볼일 없어 보이거나 열의가 부족한 사람으로 비춰졌다면, 아무리 그가 실력 있고 책임감이 강한 사람이라도 소용없다. 채용을 위한 구직자와의 접촉시간은 매우 짧고 횟수도 적다. 그러므로 첫인상이 나쁘면 그대로 기업의 이미지가 깎이고 만다. 정보가 빠른 인터넷 시대에는 더욱 치명적이다.

첫인상의 이미지가 쌓이면 구직자는 그 회사의 이미지를 제멋대로 결정해 버린다. 때문에 구직자와 가장 처음 만나는 사람은 각별히 신경을 써야 한다. '밝은 회사'라는 이미지를 주려면 '명랑한 사람'을, '지적인 분위기의 회사'라는 이미지를 주려면 '지적인 사람'을 담당자로 하자. 기운 없어 보이는 사람은 아무리 "우리 회사는 힘이 있습니다."라고 말해도 설득력을 얻을 수 없다.

회사 설명회도 첫 인상이 중요하다. '어두운 회사', '답답할 것 같은 회사', '인간관계가 나쁠 것 같은 회사' 등의 이미지를 남기면 돌이킬 수 없다.

매력적인 이야기꾼으로 변신해 보자

중소기업의 경우 일반에게 알려진 뚜렷한 이미지가 없기 때문에 회사 설명회의 인상이 기업의 운명을 결정한다 해도 과언이 아니다. 그런데 대부분의 인사담당자들이 착각하고 있는 부분이 있는데 그것은 회사 설명회를 '회사가 하는 일의 내용을 설명하는 자리'로 생각하는 것이다. 이러한 생각은 전혀 도움이 안 된다. 회사설명회란 어디까지나 '회사의 이미지를 좋게 만드는 자리'이다. 일의 내용을 설명할 필요는 없다.

나사못을 만드는 업체가 있다고 하자. 아무리 자사의 나사못이 멋지다고 설명해도 구직자들의 흥미를 모을 수는 없다. 구직자들에게 다가갈 때는 그들의 꿈을 생각하고 그 꿈과 관련된 전략을 세워야 한다.

만일 창업을 꿈꾸는 사람을 원한다면 그들이 매력을 느낄 만한 이야기를 해야 한다. 창립 100년의 역사라든지, 자본금은 얼마이고 금년도의 실적은 작년보다 몇 퍼센트 올랐으며 자사 빌딩이 있고, 장래가 유망하다는 식의 설명은 아무런 의미가 없다. 창업하게 된 성공담이 없으면 창업을 꿈꾸는 구직자들의 귀에는 아무것도 들리지 않는다.

경영자는 "우리 회사를 인정해 주는 사람을 채용하고 싶다."고 말한다. 그러나 약 두 시간의 설명만으로 회사의 모든 것을 전달하는 것은 불가능하다. 그러므로 보다 좋은 회사 이미지의 전달에 중점을 두는 편이 효과적이다.

이것은 맞선을 보는 것과 비슷하다. "인품이나 학력이 훌륭하신 것은 잘 알겠지만 거절하겠습니다."라는 사람이 있는 한편, "이유는 잘 모르겠지만 왠지 매력적이군요."라며 상대에게 호감을 갖는 경우도 있다. 마찬가지로 "이유는 모르겠지만 입사하고 싶습니다."라는 말을 들어야 성공한 셈이다.

나는 오랫동안 이 분야에서 터득한 노하우로 처음 방문한 회사라도 채용을 잘하는 회사인지 잘 못하는 회사인지를 어느 정도 짐작할 수 있다.

채용을 잘하는 회사의 공통점은 다음과 같다.

· 안내의 대응이 신속하고 인간적이다.
· 손님이 와도 사원들은 자연스럽게 평소대로 일한다.
· 회사가 세련되고 편안하다.

그리고 경영자의 인품은 대부분 '인간적이다, 자연스럽다, 멋있고 온화하다'는 회사의 첫인상과 일치한다. '사장은 회사의 얼굴'이라는 말처럼 사장의 인품이 회사의 첫인상이라는 점을 기억하고, 자사의 첫인상부터 차분히 관찰해 보면 어떨까?

탐나는 인재와 만나기 위한 연구

　　입사의욕을 불러일으키는 초기단계에서 실패하면 채용은 좌절되고 만다. 입사의욕을 싹 틔우지 못하면 그 후 서서히 키워 나간다고 하는 스토리 전개가 불가능해진다. 앞에서 언급한 회사 설명회도 그래서 중요하다. 연극을 올리기 전에 치밀하게 리허설을 하는 것과 같이 설명회에서 어떠한 내용을 말할 것인지, 누가 설명할 것인지, 어떤 사람을 대상으로 이야기를 풀어 갈 것인지를 꼼꼼하게 계획해야 한다.

　그렇지만 여기에는 한 가지 문제가 더 남아 있다. 원하는 인재들의 유형을 사전에 연구하고 이들이 흥미를 느낄 만한 이야기를 면밀하게 준비하여 설명회를 열었는데 모인 사람들 중에 원하는 인재가 전혀 없는 경우다. 그렇게 되면 그 해의 인재채용은 실패작, 시작도 하기 전에 막을 내리는 셈이다.

기업은 이런 불상사를 사전에 막기 위해서 홍보 방법을 연구해야 한다. 요즘은 기업을 인터넷으로 검색한다. 업종, 입지조건, 직업 등으로 미리 검색하여 자신이 가고 싶은 회사를 찾는다. 그러므로 인터넷에 가급적 눈에 띄게 올리는 방법을 연구해야 한다.

컨설팅 회사를 예로 들자. 인터넷으로 검색해서 설명회를 찾아오는 사람들은 대부분 컨설턴트 지망자들이다. 그런데 회사가 장차 회사의 경영을 맡길 만한 간부급의 인재를 찾고 있다면, 라면가게를 여는 것이 꿈인 독립 지향적인 사람이나 증권회사에서 일하고 싶어 하는 수리에 강한 사람들 중에 원하는 인재가 있을지도 모른다.

채용하는 측과 지원자가 잘못 연결되는 경우도 있다.

인터넷상에 업종이나 회사 규모 등 하드웨어적인 부분을 과감히 버리고 소프트웨어 정보를 내 보내자. '연봉이 높다', '독립해서 성공한 사람이 많다' 등의 정보는 구직자들에게 순식간에 전달된다. 친구로부터 회사명을 들은 사람은 업종이 아니라 회사명으로 검색한다. 그러면 컨설턴트 지망자뿐만이 아니라 다양한 재주를 지닌 사람들이 설명회에 올 확률이 높아진다. 탐나는 인재를 만날 기회가 그만큼 많아지게 되는 것이다.

채용이라는 드라마는 '확률' 문제

예전에 어느 오락 프로그램에서 모 TV방송국의 여성 아나운서가 "아무리 미팅을 많이 해도 내 전화번호를 물어 오는 사람이 없어요."라고 한탄하는 것을 보았다. 그녀는 일의 특성상 패션 감각과 스타일이 좋았고 미모도 뛰어난 여성이었다. 사회자는 "깐깐한 인상이네요", "눈이 너무 높은 건 아닐까요?"라며 계속 그녀를 분석했다.

그러나 가장 큰 원인은 남성들이 계산하는 '확률' 때문이다. 전화번호를 물어보았다가 거절당하면 남성의 자존심은 여성이 생각하는 것 이상으로 상처받는다. 그래서 확률적으로 안전한 여성을 선택하는 것이다. 고등학교 동창회에 나가 보면 학창시절 가장 예쁘고 마돈나로 군림하던 여성이 의외로 독신인 경우가 있다. 아마도 그녀에게 접근할 만큼 자신 있는 남성을 만나지 못해서일 것이다.

사원 채용의 경우도 마찬가지다. 예를 들어 100명의 지원자 중에서 상위 다섯 명을 뽑았다고 하자. 점수로 친다면 A군이 최고다. 경영자는 자사에 지원했으므로 틀림없이 입사할 것이라고 생각하고 그를 내정한다. 하지만 이 경우 A군은 입사를 거절할 가능성이 크다. 유능한 인재일수록 많은 회사로부터 내정을 받는다. 채용의 달인이라고 자부하는 나조차도 A군을 채용할 수 있도록 도와 달라는 회사의 부탁에 100퍼센트 확답을 줄 수 없다. 입사할 회사를 결정하는 것은 사장이나 내가 아닌 A군 자신이기 때문이다.

A군과 같은 수준의 인재를 열 명 정도 뽑아 놓고 그 가운데서 세 명을 채용하는 것이 확률적으로 안전하다. 가능한 한 많은 지원자가 필요한 이유도 그런 맥락에서이다.

그런데 확률을 고려하지 않고 오로지 A군 한 명에게만 집착하는 경영자가 많다. 그럴 경우 어떤 일이 일어날까? 모처럼 다섯 명이나 되는 좋은 인재를 만났음에도 불구하고 아무도 채용하지 못하는 결과가 나온다. 내가 경영자라면 우선 확실하게 채용할 수 있는 사람을 확인하고 나서 반드시 입사한다는 보장이 없는 A군은 포기할 것이다. 그리고 B군이나 C군을 내정한다.

왜 그럴까? 이것은 인간의 심리를 생각하면 알 수 있다. 최종 면접까지 남은 사람들은 상대방의 수준을 파악하고 있다. A군을 떨어뜨림으로써 B군 마음속에 '이 회사는 저렇게 잘난 사람도 합격시키지 않는다'는 인상을 심어 주게 되어 회사에 대한 평가를 한층 높일 수 있다. 반대로 A군이 내정을 포기했다고 하자. 그러면 B군도 'A가 포기한 회사라면 나도 그만두어야겠다'는 생각을 하게 된다. 결국 A, B,

C 모두 잃게 되는 것이다.

　학생들 간의 인터넷 정보 교류는 생각보다 훨씬 활발하다. 내정자 모두가 포기한 회사라는 꼬리표가 붙으면 기업에게는 매우 치명적이다.

채용담당자에게 반드시 필요한 커뮤니케이션 능력

업무상 채용담당자를 만나 보면 의외로 커뮤니케이션 능력이 부족한 사람이 많다는 사실에 놀라게 된다. 앞에서는 커뮤니케이션 능력이 인재에게 반드시 필요한 능력이라고 설명했지만 실은 채용담당자에게도 중요한 능력이다. 구직자와 면접할 때 상대방의 감정이나 요구를 이해하는 능력이 없으면 어떤 인재가 유능한지를 분간할 수 없다.

채용담당자가 뛰어나지 않으면 구직자들에게 입사를 권유할 수가 없다. 하물며 면접을 앞두고 긴장하고 있는 상대방을 한층 더 불안하게 만든다면 큰일이다. 구직자들은 실수하거나 나쁜 인상을 남기는 것이 두려워서 궁금해도 참는 경향이 있다. 그런 상대방의 기분을 살피지 않고 "질문 없습니까? 이상입니다."라고 서둘러 끝내는 면접관은 자격 미달이다. 면접하러 온 사람은 안 그래도 불안하다는 기본적인 사항조차 이해하지 못하고 있기 때문이다.

프레젠테이션도 중요하다. 회사의 매력을 제대로 전달하지 못하면 상대방의 감정을 조정할 수 없다. 지원자 모두에게 좋은 인상을 주는 프레젠테이션을 해야만 한다. 인상이 나쁜 회사는 지원자가 줄고 인재가 찾아오지 않는다. 절대 채용될 가능성이 없다는 것을 알고 있는 구직자들에게도 '좋은 회사였다'는 인상을 심어 주는 것이 중요하다.

타사 설명회에 참가한 사람들 사이에서 자사 이야기가 나올 경우, "그 회사는 관두는 것이 좋아."라는 평가와 "그 회사는 인상이 좋았어."라는 평가를 듣고 모여드는 인재는 질적으로 다르다. 회사 설명회에 한 번이라도 참가했거나 면접하러 온 사람들은 알게 모르게 자사를 홍보하며 다니는 광고가 된다. 구직자들의 입소문이라고 해서 가볍게 보면 안 된다. 이제 채용담당자들에게 커뮤니케이션 능력이 필요한 이유가 조금은 이해되었을까?

그런데 안타깝게도 이러한 사실을 모르는 기업이 많다. 그래서 유능한 채용담당자를 만나면 한결 마음이 놓인다. 채용을 중요하게 생각하는 사장은 대체로 일도 잘 하기 때문이다.

기업이 특히 신경을 써야 하는 부분이 안내다. 구직자들이 회사를 방문했을 때 처음으로 마주하는 사람이 안내 직원이다. 안내 직원의 인상이 나쁘면 입사하려던 마음까지도 사라진다. 차라리 없는 편이 낫다는 말을 듣는다면 곤란하다. 안내는 회사의 얼굴이고, 보이기 위해 마련한 부서이니 그 역할을 충실히 수행할 수 있는 인물을 선정해서 배치해야 한다.

탐나는 인재라면 면접관을 바꾸자

채용담당자 혹은 경영자에게 필요한 또 한 가지는 코디네이터 능력이다. 면접하러 온 인재 가운데 마음에 쏙 드는 A군이 있다고 하자. 그런데 유능한 인재는 여러 회사로부터 내정을 받는 경우가 많다. 아무리 우리 회사로 와 달라고 해도 본인이 내키지 않으면 그만이다.

이럴 때는 지혜를 짜내야 한다. 그 중에서도 누구에게 설득하는 역할을 맡길까 결정하는 것이 최대의 관건이다. 예를 들면 A군은 독립지향적인 성격이 강한 사람이라고 하자. 그런데 그를 설득하는 사람으로 안정지향적인 선배를 보낸다면 A군을 입사시키는 것은 불가능해진다.

독립지향적인 사람이라고 해도 독립의 이미지가 막연한 경우가 많다. 그렇다면 우선 뚜렷한 이미지부터 그려 주자. 독립하려면 무엇이 필요한지, 어떤 회사를 선택해야 좋을지, 어떤 기술을 배우면 좋을지 등이다. 그런 다음 최종면접에서 A군보다 독립지향이 강하고 능력도 뛰어난 선배를 만나게 한다. 선배는 A군에게 "장차 독립하기 위한 준비단계로 이 회사에 오길 잘했다고 느낀다."며 자신의 경험담을 말할 것이다. 그러면 지원자는 "나도 그렇게 되고 싶다."는 생각을 하게 된다.

코디네이터 능력이 있는 채용담당자는 자료를 보면서 미리 적절한 상담자를 선정한다. 그리고 최대한 어색하지 않은 만남의 자리를 마련한다. 어디까지나 계획적이라는 느낌이 들지 않도록 자연스럽게 하는 것이 포인트다.

A군이 커뮤니케이션 능력이 뛰어난 인재라면 A군보다 더 능력이 뛰어난 사람이 아니고서는 설득할 수 없다. 커뮤니케이션 능력은 이야기해 보면 단번에 알 수 있고, 게다가 능력이 뛰어날수록 상대방의 능력을 빨리 판단한다.

남성이 설득하기 가장 어려운 상대는 커뮤니케이션 능력이 뛰어난 여성이라고 한다. 이유는 앞에서 말한 것과 같다. 여성을 사로잡을 수 있는 능력이 없다면 대화 자체가 불가능하다.

혼기가 꽉 찬 여성에게 혼담이 들어왔다. 상대방은 대기업 임원의 아들이었다. 학벌과 외모도 좋고 월수입도 남들의 두 배로 젊은 여성들 사이에서 최고의 결혼상대자로 여겨지는 모든 조건을 두루 갖춘 좋은 혼처였다. 하지만 그 여성은 혼담을 깨끗이 거절했다. 주변 사람들이 정말로 아쉬워했을 정도였다. 그리고 지금 그녀가 사귀고 있는 사람은 내세울 것이 없는 평범한 사람으로서 이른바 조건이 좋지 않은 남자다.

그녀가 잘 나가는 남자를 만나 보지도 않고 거절한 이유는 단 하나, 상대방이 뚱뚱하다는 이유 때문이었다. 그녀는 "뚱뚱한 사람과 대머리인 사람 중에서 대머리인 편이 그래도 낫다."고 말할 정도로 살찐 남성을 싫어했다. 조금 뚱뚱하긴 해도 일단 만나 보면 상대방의 다른 조건과 인품에 반할 것이라고 생각했던 주위사람들의 예상은 보기 좋게 빗나갔다. 그녀가 갖고 있는 '이것만큼은 절대 양보할 수 없다는 조건'에서 탈락했기 때문이다.

채용에서 인재를 찾아내려면 여러 가지 테크닉이 필요하다. 우선 입사의욕과 동시에 생기는 불안을 이해하고 이를 해소하도록 노력해야 한다. 그리고 상대방이 제시하는 여러 가지 조건 중에서 절대로 양보할 수 없는 것과 우선순위를 정해야 한다. 입사 지원자들은 독립 지향, 안정지향, 보수, 휴일 혹은 연구 환경 등을 포함해서 각기 다른 조건과 희망을 내세운다.

우리는 그것을 '절대조건'과 '희망사항'으로 부른다. 면담을 할 때는 절대로 양보할 수 없는 것_{절대조건}과 양보할 수 있는 것_{희망사항}으로 구분해서 해야 한다. 그것을 명확하게 파악하지 않으면 상대방과 초점이 어긋난 엉뚱한 대화를 하기 십상이다.

절대조건과 희망사항은 장래에 무엇이 되고 싶은지, 5년 후 자화상은 어떤 모습인지를 들어보면 알 수 있다. 구직자가 희미하게 품고 있는 장래의 모습을 잘 듣고 이야기를 나누면서 "그렇다면 자네가 하고 싶은 것은 이런 것이 아닐까?" 하고 막연하던 이미지를 조금씩 구체화해 준다. 그러면 절대로 양보할 수 없다고 생각했던 조건은 점차 무너진다. "사장이 되고 싶습니다."라고 하면서 "5일 근무를 했으면 좋겠습니다."라는 두 가지 조건을 말하는 지원자에게 어느 쪽이 우선인지 물어보면 "둘 다"라고 대답한다. 양쪽 모두는 무리라고 말해 주면 결국 사장이 되고 싶다는 것은 단순히 '희망사항'이었음을 깨닫는다.

상대방의 말하는 '절대조건'이 정확하게 어떤 마음인지 확인해 보자. 장차 카페나 칵테일 바를 열고 싶다는 꿈을 피력하다가도 "아무리 사장이라도 하루 20시간 이상 일하고 연 수입이 3천만 원 미만인 경우도 많아요. 독립한다는 것은 그런 뜻입니다."라는 한마디에 바로 희망사항을 번복한 예가 많기 때문이다.

대화할 때 주의할 점은 상대방의 미래상에 자사를 무리하게 맞추면 안 된다는 것이다. 창업 이래 독립한 사람이라고는 단 한 명도 없는 회사가 "독립할 기회도 있습니다."와 같이 무리한 약속을 하는 것은 모두에게 마이너스다. 그보다는 "조건이 맞으면 와 주십시오."라고 이야기해 두는 편이 좋다.

장래희망과 절대조건이 무엇인지 파악하고, 회사의 목표와 5년 후 조성할 수 있는 환경과 대조해 가며 '지원자의 절대조건이 실현가능하다'는 확신이 없는 한 함부로 약속해서는 안 된다. 그것은 반칙이다.

'달성하는 생활습관'을 지닌 인재를 찾아내자

현재 사원채용 중에서 가장 신경 쓰는 부분은 바로 영업사원이다. 곧바로 실적으로 이어지기 때문이다.

필자는 여러 경영자들에게서 "확실하게 영업실적을 올릴 만한 인재는 어떻게 찾아낼 수 있는가?"라는 질문을 많이 받는데 영업사원이 갖추어야 할 자질은 비교적 쉽게 알아낼 수 있다. 베테랑 영업사원은 신입사원을 하루만 데리고 다녀 보면 거의 정확하게 소질 여부를 판단할 수 있다. 그러므로 영업 부문의 최종면접에는 경험 많은 영업사원이 참여할 것을 권한다.

여기서는 그들의 '감'을 이론화해 보자. 그들이 무의식적으로 판단하는 조건은 '달성하려는 의지'와 '스트레스를 견디는 힘^{스트레스 내성}'이다. '달성하려는 의지'는 성취욕에 비례하고, 성취욕은 이미 앞에서 말했듯이 '인생목표의 높이'에 비례한다.

장기적인 안목으로 능력을 발휘할 만한 인재 혹은 미래의 경영자가 될 만한 수준의 인재를 원한다면, 달성하려는 의지와 인생의 목표가 높은 인재를 고르는 것이 좋다. 반면 입사 2, 3년 혹은 보다 단기간 내에 실적을 올릴 수 있는 영업사원을 원한다면 인생의 목표가 높은 인재보다는 '달성하는 생활습관'이 몸에 밴 인재를 선택하는 편이 효과적이다. 단기적인 달성의지는 몸에 밴 '습관'으로 결정된다.

 '내일까지 졸업논문의 서론을 끝내고 싶다.', '일주일 안에 운전면허 시험에 합격해서 여름휴가 때는 직접 자동차를 몰고 여행을 떠나고 싶다.' 또는 '교수님이 내일까지 논문을 완성하라고 하셨으니 서둘러 끝내야지.'처럼 스스로 정한 일이나 남이 시킨 일을 처리하지 않으면 못 견디는 타입이 있다. 나는 이런 성격을 가리켜 '달성하는 생활습관'이라고 하는데, 달성의지와는 확실하게 구분하고 있다.

'스트레스 내성'은 모든 일에 필요하다

'스트레스 내성'이란 무엇일까? 쉽게 말해서 스트레스를 견디는 정신력이다. 이 능력은 영업활동에 꼭 필요하다.

보험사원의 예를 들자. 하루 종일 100군데 이상을 돌아다녔는데 한 건도 성사되지 않는 경우가 가끔 있다. 대부분 쌀쌀맞게 거절하고, 간혹 '잡상인, 보험사원 사절'이라는 간판을 내 건 곳에서는 잡상인으로 취급당하고 쫓겨나기도 한다.

아무리 성취욕이 강해도 스트레스를 견디지 못하면 영업을 할 수 없다. 영업사원으로 '달성하려는 의지'가 강한 사람을 배치했다고 하자. 처음에는 실적도 좋고 주위에 평가도 아주 좋다. 그러나 스트레스를 견디는 정신력이 없으면 얼마 못 가서 몸과 마음이 병들고 만다. 달성하려는 의지가 높을수록 시간이 흐르면 점점 압박감에 시달린다. '이래서는 안 되겠어.', '더 열심히 하지 않으면 목표를 달성할 수 없어.' 이렇게 자기 자신을 채찍질하다 보면 심신이 모두 쇠약해지고 결국 병원 신세를 지게 될지도 모른다.

그럼 스트레스 내성이 약한 사람은 어떻게 알 수 있을까? 첫인상으로 판단하는 방법이 있다. 면접할 때 지나치게 말을 많이 하는 사람이다. 이런 타입의 사람은 혹시라도 상대방이 자신의 약점을 눈치챌까 봐 말로써 방어하고, 대부분 스트레스에 약하다.

가장 확실한 방법은 실제로 스트레스를 던져 보는 것이다. "만일 자네라면 이런 상황이라도 할 수 있겠나?", "아니, 그건 자네 착각이야."라든지 "자네는 할 수 있다고 말하지만 세상은 그렇게 만만치가 않아."처럼 일부러 당혹스러운 질문이나 불쾌한 이야기를 하면서 반응을 보는 것이다. 스트레스 내성이 약한 사람들은 금세 말문이 막히고 얼굴빛이 변한다. 이것은 '압박면접'이라고 해서 대기업에서 사용하는 대표적인 면접방식이다.

신문에서 취직활동에 관한 기사를 보면 "면접에서 이런 심한 질문을 받았다. 이런 말을 들었다."라고 불평하는 구직자의 목소리를 듣게 된다. 그러나 면접관이 상대방의 스트레스 내성을 시험하려는 것이므로 어쩔 수 없다. 단, 이 방법은 신중을 기해야 한다. 압박면접은 상대방의 모티베이션을 급격히 끌어내리고 입사의욕마저 떨어뜨릴 수 있는 위험이 있다. 모처럼 좋은 인재를 발견했는데 내정을 포기하면 큰일이므로 다음과 같은 요령으로 해야 한다.

첫 번째 입사의욕을 충분히 높인 다음에 하는 것이다. 회사 설명회부터 여러 차례 면접을 하고 입사의욕이 충분히 높아진 단계에서 하는 편이 좋다.

　두 번째로는 3차 면접, 즉 입사의욕이 충분하다고 판단될 때 작은 그룹으로 나누어 모의 프로젝트를 시켜 보는 것이다. 그 때 일정한 목표치를 주고 결과 발표를 통해 순위를 매긴다. 그리고 그룹을 해산시킨 다음 이번에는 개인에게 목표를 주고 순위를 매긴다. 이 과정은 순위, 그 자체가 평가대상이 아니다. "개개인의 순위를 매깁니다."라고 했을 때 나타내는 반응을 관찰하는 것이다. 어떤 반응을 보이는가에 따라서 스트레스 내성을 알 수 있으며 비교적 불쾌하지 않게 압박을 줄 수 있다.

　'스트레스에 강한 것'과 '스트레스에 둔한 것'은 다르다. 아무리 압박을 가해도 눈 하나 깜짝하지 않는 사람들 중에는 단지 둔해서 그런 경우도 있다. 여러 가지 방법을 동원해서 '분위기를 아는 사람', 즉 둔하지 않은 사람을 선택해야 한다.

11

경영자의 인상은 곧 회사의 인상이다

좋아하는 여성에게 고백할 때 자신이 부자라는 것을 어필하려고 갑자기 주머니에서 돈 다발을 꺼내 보이는 바보는 없다.

알고 보면 채용이라는 드라마도 일종의 연애와 같이 미묘한 심리전으로 진행된다. 그런데 많은 경영자들은 "그렇게 말하고 행동하는데 상대방이 넘어오는 것이 당연하지."라고 대수롭지 않게 넘기기 일쑤다.

부동산중개업이라는 직업은 특정 이미지가 고정되어 있다. '불안하다', '위험하다', '성과급제라서 기본급이 쥐꼬리만큼밖에 안 된다' 등의 마이너스 이미지가 강하다. 그리고 이런 현실은 인재를 구하러 필자를 찾아오는 부동산중개업 오너들도 이미 알고 있다.

한번은 이러한 고민을 갖고 어떻게 하면 좋을지를 상담하러 온 사장이 있었는데 나는 그 사장을 보고 간이 서늘해졌다. 다이아몬드를

박은 휘황찬란한 금시계, 붉은 계통의 정장, 그리고 올백의 헤어스타일. 그의 모습은 돈 많은 건달 그 자체였다. 어색한 정장을 갖춰 입고 긴장된 표정으로 문을 두드리는 구직자가 이런 사장의 옷차림을 접하고 어떻게 겁먹지 않을 수 있을까? 가만히 있어도 부정적인 이미지가 강한 업계인데 이렇게 엽기적인 사장의 모습을 본다면 구직자들은 단번에 물러나 버릴 것이다.

그러나 사장 자신은 그런 옷차림이 타인에게 어떻게 비치는지 모르고 있었다. 그래서 아무렇지도 않게 그런 모습을 하고 다녔던 것이다. 설마 '나도 열심히 일하면 저런 고급시계를 찰 수 있을지도 몰라.'라고 자극을 받아 인재가 모여들 것이라는 순진한 생각을 했던 것일까?

나는 그에게 이런저런 조언을 해 가며 하나씩 고쳐 주었다. "그 시계는 특별한 외출을 할 때만 해 주십시오. 면접할 때는 풀어 주세요." 그러자 그는 헤어스타일도 바꾸고, 정장도 내가 고른 것으로 바꿔 입었다.

이런 경우도 있었다. 해충박멸회사 사장인데 머리가 좋고 일도 잘하는 사람이었다. 그런데 폭주족이었던 과거 탓인지 금으로 된 롤렉스시계에 빡빡 머리, 한눈에 보기에도 범상치 않은 외모를 하고 있었다. 그는 "장차 자회사를 100개 정도 만들려고 계획 중입니다. 뛰어난 능력을 소유한 인재를 소개해 주십시오."라고 부탁했다. 물론 필자는 이 경우에도 산뜻한 정장과 세련된 머리모양으로 변신시키고 시계도 바꾸도록 조언했다. 그리고 아무래도 해충박멸회사라는 인상으로 어필하기는 힘들다는 점을 감안하여 리모델링 회사를 포함한 종합 컨설턴트회사로 새롭게 단장하도록 했다. 그 결과 회사가 채용에 성공한 것은 물론 몰라볼 정도로 세련되게 거듭난 것은 설명하지 않아도 짐작할 수 있을 것이다.

말하기 어려운 것을 어떻게 말하면 좋을까

회사에서 일하다 보면 단지 멋있고 즐거운 일만 생기지 않는다는 것을 알게 될 것이다. 이보다는 오히려 힘든 일이 더 많이 발생한다.

연애할 때 '말하기 어려운 내용'을 어떻게 상대방에게 전달하는지 생각해 보자. 좋아하는 여성에게 처음부터 자신에게 채무가 있다고 고백할 수는 없다. 상대방이 자신의 장점을 충분히 알고 난 뒤에 말하는 것이 순서다. 불가피한 사정이 있어서 어쩔 수 없이 돈을 빌려 썼다는 것을 알려주어야 한다.

숨긴다 해도 어차피 알게 될 일이라면 말해야 한다. 그러나 처음부터 '쉬는 날이 적다.', '할당된 기준량이 있다.', '사원의 이직이 많다.'라는 말을 듣는다면 입사의욕이 뚝 떨어진다. 우선 매력을 충분히 전달해 주고 나서 말을 꺼내자.

그러나 이렇게 단순한 사실조차 모르는 회사가 너무나 많다. '기업은 사람의 힘'이라고 말하면서 인재가 오지 않을 일만 하고 있으니 답답할 노릇이다.

회사에 이익인 사람 회사에 손해인 사람

13

유능한 구직자의 관심을 끄는 '백지화' 작전

프랑스의 동화 <푸른 수염Blue beard>에서는 전설의 살인귀 푸른 수염이 아내에게 금기의 방 열쇠를 주고 여행을 떠난다. 그러나 아내는 궁금함을 견디다 못해서 방을 들여다보고 끔찍한 시체들을 발견한다. <은혜를 갚으려는 학鶴 기노시다 준지木下順二의 희곡>에서도 "베를 짜는 모습을 보아서는 안 된다."는 학의 부탁을 듣지 않고 인간이 몰래 방을 들여다보자 학은 하늘로 날아가 버린다.

아무래도 인간에게는 "하면 안 된다."라는 말을 들으면 오히려 하고 싶어지는 묘한 심리가 있는 것 같다.

채용도 같은 원리다. 채용하고 싶은 인재가 다른 회사의 내정을 받은 사실을 알았다고 하자. 이때 대부분의 채용담당자가 범하는 실수는 "그 회사에는 가지 않는 것이 좋다."고 말하는 것이다. "그 회사는 지금 경영상태가 최악입니다.", "부도가 나기 직전이에요.", "그 회사는 당신을 위해서 도움이 안 됩니다." 심하면 "그 회사는 그만두시죠."라는 명령조가 되기도 한다.

이것은 앞서 말한 원리로 설명하자면 오히려 이야기를 듣고 타사로 마음을 돌리는 역효과를 초래하기 때문에 함부로 사용해서는 안 된다.

상대방이 다른 회사에 가기로 이미 결정했다면 깨끗이 포기하자. 만일 조금이라도 고민 중이라면 다른 회사를 헐뜯지 말고 스스로 마음을 돌리도록 해야 한다. 이럴 때는 타사에 가고 싶은 이유를 하나씩 지워 주는 방법을 사용하면 된다. 이는 구직자의 생각을 백지상태로 되돌린다는 의미에서 '백지화'라고 하는데 주목할 만한 방법이다.

예를 들어 구직자가 고민 중인 회사가 무역회사라고 하자. 그러면 "무역회사는 좋지 않다."처럼 노골적으로 말하지 말고 "무역회사를 원하는군요."라고 말한 다음, 희망하는 이유를 들어보자. 상대방은 "세계를 돌아다니며 큰일을 하고 싶다."든지 "주특기인 영어를 살리고 싶다."라는 대답을 할 것이다. 그렇다면 이쪽에서는 "해외에 가고 싶다면 금융 회사는 어떨까요?"라든지 "그렇다면 왜 대기업에는 가지 않지요?" 또는 "여행사에서도 영어실력을 살릴 기회가 많지 않을까요? 금융업도 마찬가지이고요. 지금은 점차 세계화로 바뀌는 추세니까요."라는 다양한 조언을 하는 것이다.

상대방의 꿈을 부정하지 말고 반대로 넓혀 주자. 자사를 어필하는 것이 아니라 제3의 선택지를 주어 상대방의 세계를 넓혀 주자. 그러면 무역회사에 가고 싶어 하던 이유가 사라지고 자신이 생각하던 필요성을 부정하게 된다. 따라서 구직자는 취직을 생각하던 처음 단계로 돌아가서 백지상태가 된다.

왜 '백지화'가 필요할까? 예를 들어 구직자가 계속 무역회사를 고집하여 백지가 아닌 황색 상태일 경우라면 아무리 그 위에 자사의 색을 덧칠해도 제대로 된 색상이 나오지 않기 때문이다. 백지상태가 된 상대방이 다시 한 번 '무슨 기준으로 회사를 선택했을까?'라고 생각할 때 자사의 매력을 어필해야 효과적이다. 최소한 귀를 기울일 수 있는 환경이 조성되어야 하는 것이다.

14

힘들게 쟁취해 낸 것이야말로 가치가 있다

'결혼 전 우울증'이라는 것이 있다. 이것은 결혼식 날짜를 잡고 준비하는 동안에 발생하는 감정을 말한다. 아무리 상대방을 사랑해도 '이 사람과 결혼해도 정말 괜찮을까?'라든지 '앞으로 어떤 생활이 펼쳐질까?' 등 여러 가지 불안이 밀려온다.

구직자의 경우 1, 2차 시험을 치르는 동안에는 점점 입사의욕이 상승한다. 그렇다면 절정에 달하는 것은 입사하는 순간일까? 아니다. 내정 통보를 받았을 때다. 입사의욕은 내정 통보를 절정으로 점점 내려간다. 마치 기쁘게 결혼준비를 하다가 드디어 식을 남겨 놓은 것과 같은 상태다. '결혼 전 우울증'처럼 '취직 전 우울증'의 상태가 되어 '정말 그 회사로 정해도 괜찮을까?', '다른 회사가 더 좋지 않을까?' 하는 고민을 하게 된다.

"내정 통보는 나중에 하십시오."라고 필자가 경영자들에게 당부하

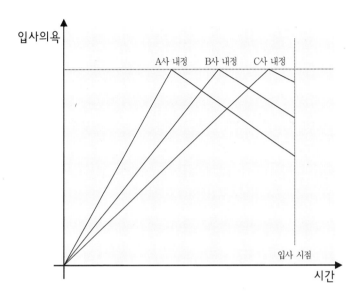

는 것도 이러한 구직자들의 심리 때문이다. 한 구직자가 A, B, C사 순서로 여러 차례 입사시험을 치렀다고 하자. 세 곳 모두 마음에 들어서 고민하고 있는 사람에게 먼저 내정 통보를 하는 것은 위험하다. 그 때부터 입사의욕이 떨어지기 때문이다. 처음에는 A, B, C사 모두 같은 정도의 호감을 갖고 있었지만 내정을 받은 순서대로 의욕이 떨어진다. 좋아하는 사람에게 마음을 전하지 못하고 애를 태우면 태울수록 감정이 더욱 뜨거워지는 것처럼 내정도 기다리면 기다릴수록 입사 의욕이 높아진다.

결혼을 약속하는 순간, 열정이 식어 버리고 마치 '잡은 고기에게 미끼를 주지 않는다'는 마음이 되는 것처럼 쉽게 받은 입사 합격은 쉽게 포기할 가능성이 크다.

누가 보더라도 B사보다 A사가 좋은 경우, A사에서 2차 면접 후 내정 통보를 받았는데 B사에서는 다섯 차례의 까다로운 면접을 거친 끝에 간신히 통보를 받았다. 그럴 경우에 일반적으로 구직자들은 B사를 선택한다.

기업은 탐나는 사람일수록 최대한 애를 태우다가 내정을 통보해야 구직자는 힘들게 받아 낸 내정이라고 생각하게 된다. 이러한 묘한 인간의 심리를 모른다면 곤란하다. 단 한번의 면접에서 "입사하고 싶습니다."라는 구직자의 말에 감격하여 "지금 당장 당신을 채용하지요."라고 말해 버린다면 기껏 잡은 월척은 달아나고 만다.

간혹 의리 때문에 처음 내정 통보를 해 준 회사로 직장을 정하는 사람도 있다. 그러나 이런 사람은 거의 드물고 구직자들은 평생이 걸린 문제이므로 약속을 지키는 것보다 자신의 기분을 우선한다. 이렇게 해서 '입사 합격 통보는 나중에'라는 원칙이 생겼다.

'일 잘하는 사람'이 회사를 변화시킨다

'안정지향'이야말로 위험한 사고방식

모든 경영자, 비즈니스맨 그리고 취직을 준비하는 구직자들에게 필자는 "능력 있는 사람이야말로 새로운 일에 도전해야 한다."라고 외치고 싶다. 또한 "능력 있는 사람이야말로 관청이나 대기업이 아니라 벤처기업에 몸을 던져 미래의 경제를 짊어지면 좋겠다."고 말하고 싶다.

필자는 2002년도 기업의 인기순위발표를 보고 무척 실망했다. 베스트 100개 회사 중에 벤처기업이 하나도 없었다. 2001년까지만 해도 몇 군데는 들어 있던 벤처기업의 인기가 일제히 내려간 모양이다. 그나마 '와이큐브'가 상위에 랭크된 것은 실로 기적에 가까운 일이었다.

지금 같은 불경기에는 취직의 테마가 '안정'이다. 이렇게 대기업이 쓰러지는 상황이 계속된다면 구직자들의 선호가 대기업으로부터 멀어질 것이라고 생각했는데 그와는 정반대로 '대기업이 쓰러질 정도면 중소기업은 훨씬 더 위험하다'는 쪽으로 생각이 굳어지고 말았다.

지금의 일본은 나라 전체가 불안하고 붕괴의 위기감까지 느끼는 상황인데 '나는 괜찮아'라고 생각할 수 있을까? 누군가는 일본을 짊어지지 않으면 안 된다. 그 짐은 능력이 뛰어난 인간이 질 수밖에 없다. 자기 자신을 생각하지 말라는 것은 아니다. 단지 앞으로 이 나라를 이끌어 갈 인재가 자신만 생각하고 있다면 한심한 일이 아닐 수 없다는 것이다.

불황 중에도 여러 대기업의 내정을 받아 낼 정도로 우수한 인재에게 부탁이 있다. 미래를 짊어지고 나아갈 사람으로서 용기 있는 도전정신을 가져 달라는 것이다. 문명개화와 함께 서구 문화가 물밀듯이 밀려들어 왔던 메이지 초기시대. 일본 전체가 정체성을 잃지 않으려고 발버둥치던 당시에 후쿠자와 유키치福澤諭吉는 미국으로 건너가서 선진 민주주의를 배우고 왔다. 당시는 네덜란드 학문을 배우는 것이 주류였지만 남보다 빨리 영어학문의 중요성을 깨달은 그의 용기 있는 개척정신이 그 후 민주주의와 자유주의의 발전에 커다란 디딤돌이 되었다.

부유했던 유키치가 그 때 자신의 안위만을 추구했다면 지금의 일본은 사뭇 다른 모습이 되었을 것이다. 혼란스러운 지금의 일본에 유키치와 같은 인물이 한 둘만 있다면 장래에 적지 않은 영향을 미칠 것이다.

우수한 인재를 놓치는 회사는 망한다

중소기업일수록 '신입사원 채용'을 중시해야 한다. 그러나 앞에서도 여러 번 강조했지만 우수한 입사지원자일수록 대기업으로 가려는 성향이 강하다. 그래서 회사를 평가하는 잣대 중의 하나가 입사지원자의 수준이 아닐까라는 생각을 해 본다.

최근에는 '인턴사원'이라는 형태의 채용방식이 많아졌다. 미리 3개월 또는 1년의 기간을 정하고 보수는 아르바이트생과 같은 시간제 지불방식을 취한다. 주 1, 2회 정도 실제로 현장을 보여 주거나 일을 맡기고, 인턴 기간 중에 괜찮은 인재가 보이면 나중에 정사원으로 채용하는 방식이다. 이것은 구직자의 능력을 채용 전에 검증한다는 점에서는 아주 좋은 시스템이다. 그러나 유감스럽게도 이것은 대기업에서나 가능한 방법으로 중소기업의 입장에서는 사실상 어려운 일일 수밖에 없다.

대기업의 경우, 인턴사원의 대부분이 그 기업의 입사를 희망하는 사람이다. 기업에서 보면 그 중에서 '쓸 만한 사람'을 선택하면 그만 이므로 편한 면도 있다. 그러면 중소기업은 어떻게 해야 할까? 경영 자가 의식개혁을 하는 수밖에 방법이 없다.

지금까지 만난 경영자 중에는 유능한 사람이 많지 않았다는 느낌이 든다. 사원들 앞에서는 "세상이 변했어."라고 말하면서 실제는 구태의연한 사고방식을 갖고 있다. "전부 다 바꾸자."라고 하면서도 가장 의식 개혁을 하지 않는 사람이 바로 경영자이다.

회사의 운명은 경영자의 손에 달려 있다. 좀더 심각하게 생각하면 생활, 아니 목숨까지도 달려 있다. 그러므로 회사실적을 올릴 수 있는 충고라면 무엇이든지 열린 마음으로 받아들이려는 경영자들도 많다.

경영자에게 아무리 조언을 해도 귀를 기울이지 않는 회사는 문 닫을 날이 얼마 남지 않았다고 봐야 한다. 인사채용뿐만 아니라 모든 면에서 시대착오적일 가능성이 크고 인재가 떠난다고 하는 공통점이 있다.

경영자의 의식이 '시대'에 뒤쳐지면 단순히 실적뿐만 아니라 사원들의 의욕에도 그 영향이 나타난다. 사원은 일할 의욕을 잃어버리고 표정도 어두워진다. 일할 의욕이 남아 있는 사람마저 다른 환경을 찾아서 회사를 떠난다.

배가 가라앉기 시작하면 쥐들이 밖으로 도망친다고 한다. 인재론으로 생각하면 '쥐가 도망치기 시작하면 배가 가라앉는다.'고 말해야

한다. 인재들이 그만두기 때문에 회사가 망하는 것이다. '유능한 사원'
이라면 한계를 느끼고 다른 회사로 전직한다. 결국 남은 사람들은 하
나같이 전력투구하지 않는 사원뿐이니 회사가 망하는 것이 당연하다.

어제보다 나은 전략, 어제보다 나은 인재

100명의 오너 가운데 몇 명이나 시대의 변화를 정확히 꿰뚫어 볼 수 있을까? 필자가 보기에는 다섯 명이나 있을까 싶다. 거의 모든 오너들이 시대의 커다란 흐름을 읽지 못한다. 이러다가 절반 가량의 회사가 사라진다 해도 어쩔 수 없다는 생각마저 든다.

거의 모든 오너가 장기적인 안목으로 사업을 구상하지 못한다. "세상이 변했다."라고 하면서 무엇이 어떻게 변했는지 모른다. 결과적으로 환경에 적합한 비즈니스 모델을 만들어 내지 못한다.

지금 같은 경기침체가 지속된다면 시장은 점점 작아질 뿐이다. 과거와 같은 일을 계속한다면 매출이 떨어지는 것이 당연하다. 인재의 관점에서는 인력을 늘린다거나 인재 교육 등의 개혁이 필요하다. 과거보다 나은 인재를 내세워 승부를 겨루지 않으면 매출이 떨어지고 회사가 도태된다. 그래도 이해하지 못하는 오너라면 더 이상 방법이 없다.

　세상 사람들이 뭘 원하는지 모르는 오너들도 많은데 비교적 그것을 제대로 파악하는 것은 30대의 오너들이다. 그들이 '고객지향', '고객주의'라는 말에 민감한 것은 시장의 변화를 빨리 받아들이기 때문이다. 변화를 보지 못하는 오너라면 거품경기 때와 똑같이 일한다 해도 더 이상 살아남을 길이 없다. 시대의 흐름을 타지 못하면 망해도 어쩔 수 없다.

좋은 회사는 생각하는 습관을 갖고 있다

파스칼은 "인간은 생각하는 갈대다."라는 유명한 말을 했다. 그렇지만 모든 세상 사람들이 다 여기에 해당되는 것은 아니다.

생각하는 것은 습관이다. 앞에서도 말했지만 단지 고기 굽는 방법만으로도 머리를 써서 하는지 어떤지 알 수 있다. 알맞게 익은 정도, 야채와의 밸런스, 주문하는 타이밍 등 '상당한 고수'라고 느낄 만큼 일을 잘하는 사람은 사실 '생각해서' 고기를 굽고 있다. 단순하게 고기를 불판 위에 올려놓는 사람에겐 불가능한 곡예다.

내가 말하고 싶은 것은 고기를 잘 굽는 습관을 들이라는 것이 아니다. 고기 굽는 일상적인 일 하나를 하더라도 '머리 쓰는 습관'을 들여야 한다는 것이다.

흔히 우리는 "생각한다."고 말하지만 생각에는 수많은 레벨이 있다. 예를 들어 기획안을 제출하라고 지시했다고 하자. 그러면 "3일 동안 곰곰이 생각했다."고 말하는 사람이 있다. 과연 그 사람은 3일 동안 방에 틀어박혀 계속 기획만 했을까? 그런 일은 불가능하다. 그 사람이 말한 "생각했다."라는 것은 3일 중에서 고작 몇 시간 정도일 것이다. 집중력이 그 정도라는 말이다.

생각하는 작업이란 100이라는 집중력에서 90 정도를 발휘하지 않으면 답이 나오지 않는다. 그런데 겨우 20, 30의 집중력밖에 못 내는 사람이 의외로 많다. 한마디로 '생각 없이 고기를 굽는' 사람들이다. 3일 동안 생각했다는 사람에게 3일 내내 무슨 생각을 했는지, 언제, 무엇을, 몇 시간동안 생각했는지 꼬치꼬치 캐물으면 '아, 나는 생각하지 않았구나.'라는 사실을 깨닫는다. 반드시 긴 시간이 아니더라도 좋다. 평소에 짧은 시간이라도 집중해서 답을 내는 습관을 들이자. 그렇게 하면 언제든 손쉽게 고기 굽는 일을 즐길 수 있을 것이다.

좋은 회사란 사원 모두가 '생각하는 습관'을 갖고 있는 회사다. 물론 처음부터 그런 사원들이 모일 리 없다. 대부분은 리더의 지도방식을 따른다.

상사가 "잘 생각해서 하게.", "끊임없이 연구하게."라고 말하는 기업의 사원들은 생각하는 일에 익숙하다. 반대로, 상사가 "생각할 필요 없이 우선 몸부터 움직여."라고 지시하는 회사는 언제까지나 옛날 방식에서 벗어날 수 없다.

뉴턴은 사과가 나무에서 떨어지는 것을 보고 만유인력을 발견했다. 아르키메데스는 목욕탕의 물이 넘치는 것을 보고 부력을 깨달았다. 이런 이야기를 들으면 마치 그들이 어느 날 갑자기 세기의 발견을 한 것 같지만 결코 그렇지 않다. 그들은 평소에 '생각하고 또 생각했다.' 항상 생각하고 있는 탓에 머리가 거의 포화상태였다. 그리고 그 때 문득 눈앞에 힌트가 보였을 것이다.

기획도 이와 비슷하다. 100% 집중은 못하더라도 머리 한구석에 늘 생각이 남아 있어야 한다. 우수한 기획은 무의식중에 본 것이나 대화 중에서 얻은 사소한 힌트에서 나온다.

기획한다는 것은 실로 고달픈 작업이다. '영업은 힘들고, 기획은 재미있을 것 같다'고 생각하는 경향이 있는데 그것은 착각이다. 한때 기획 일을 하고 싶어 하는 사람들이 많았던 시절이 있었다. 그렇지만 기획으로 벌어먹고 산다는 것은 말처럼 쉬운 일이 아니다. 대부분의 일은 이미 누구나 생각하고 있으므로 남다른 생각을 하지 못하면 제대로 된 기획이라고 할 수 없다.

05

'승자의 논리'로 성공에 다가가자

세상의 모든 현상은 '논리학'으로 이루어진다. 사과가 떨어지는 것, 스피커에서 소리가 나오는 것, 마술사가 물체를 사라지게 하는 것 모두가 '마술'이 아니라 '논리'다.

논리가 없으면 과학은 절대로 성립되지 않는다. 자동차도 달리지 못하고, 컴퓨터도 작동하지 않는다. 그리고 중요한 것은 논리가 없으면 일도 못한다는 사실이다. 그런데 세상에는 논리적으로 생각하지 않고 일하는 사람이 너무 많다.

영업사원이 매출목표를 달성하는 데 필요한 것은 '기합'이 아니라 '논리'다. 영업부진을 극복하려고 궐기대회를 하는 회사가 있는데 그런다고 해서 매출이 오르지는 않는다. 아무리 직원 수를 늘리고 상품개발에 힘을 쏟아도 명확한 논리가 없다면 변화가 보이지 않는다. 중요한 것은 실적이 오르지 않는 원인을 분석하여 대책을 마련하는 것이다. 그것은 논리가 필요한 일이다.

불황 속에서도 꾸준히 실적을 올리는 기업이나 늘 정상을 차지하는 영업사원에게는 반드시 논리가 있다. 계속해서 실적을 올릴 수 있는 것은 우연이 아니다. 그들은 무엇이든 면밀하게 검토하고 전략을 세우고 다듬는다. 어떠한 상황에서도 이길 수 있는 막강한 논리가 있다. 이길 만한 이유가 있으므로 이기는 것이다.

그렇다면 어떻게 하면 그들처럼 '승자의 논리'를 손에 넣을 수 있을까? 우선 논리적으로 사물을 생각하는 습관을 들여야 한다. '감기가 들면 목욕하지 않는다.'는 것은 경험을 통해 알고 있다. 그렇지만 논리적으로 생각해 보면 '감기가 들면 왜 목욕을 해서는 안 될까?'라는 의문이 생긴다. 대답을 하려면 체온, 에너지 소비에 의한 체력소모 혹은 욕실에서 나왔을 때의 기화열 등 여러 관점에서 생각해야 한다. 이런 훈련을 매일 반복하면 논리적으로 생각할 수 있게 된다.

일에 필요한 것도 논리적으로 분석하는 습관이다. 논리가 세워지면 어떤 일을 하더라도 반드시 좋은 성과가 나온다.

진정한 프로는 과정을 중시한다

어떤 분야든 일류에 속하는 사람에게 성패 여부를 물어 보면 하나같이 "최선을 다하겠습니다."라고 대답한다. 스모의 다카노하나貴乃花 일본 전통 씨름 스모의 우승자로 현재는 은퇴 선수와 야구의 이치로 선수 등이 그렇다. 팬들은 "반드시 우승하겠습니다.", "수위타자가 되고 싶습니다."라는 대답을 기대하지만 그들은 언제나 "최선을 다할 뿐입니다. 결과에는 관심이 없습니다."라고 말한다.

여기에서 일류선수는 과정을 중요하게 여긴다는 사실을 알 수 있다. 결과만이 전부라는 프로의 세계에서 왜 과정을 중요하게 생각하는지 의아해할 수도 있다. 그러나 그것은 잘못된 생각이다. 일류선수들은 과정을 중시하고 시합을 위해서 자신을 최대한으로 단련시키지만 그렇다고 이것을 평가해 달라고 하지는 않는다. 최대한의 노력을 했으니 결과가 나쁘게 나오면 평가는 그뿐이라고 딱 잘라 말한다.

일류 선수들은 왜 과정을 중시할까? 그들은 과정 속에서 늘 '자신의 한계'와 싸우기 때문이다. 최선을 다했기 때문에 스스로 만족하고, 결과는 그저 따라오는 작은 선물 같은 것이라고 생각한다.

　최선을 다할 수 있는 사람이 일도 잘한다. 적당히 넘어가지 않고 끝까지 철저하게 일하는 것을 평가기준으로 생각하는 사람이야말로 진정한 '프로'다. 그런 사람은 결과보다 과정이 훨씬 힘들다는 것도 잘 알고 있다.

5년 후의 설계도를 그리고 있는가

최선을 다해서 일을 하는데도 결과가 좋은 사람과 나쁜 사람이 있다. 무엇 때문일까? 바로 설계도 때문이다. 결과가 나쁜 사람은 대체로 1개월 후, 1년 후의 자신의 모습에 대한 설계도가 없다. 마구잡이식으로 일을 하기 때문이다. 마치 설명서를 보지 않고 모형 비행기를 조립하는 것과 같다.

좋은 결과를 내고 싶다면 좋은 설계도가 필요하다. 자신이 원하는 1년 후의 모습을 그려 보고 무엇이 필요한지, 무엇을 해야 할지 생각해야 한다. 지식이 필요하다면 관련서적을 읽고 기술이 필요하다면 익혀야 한다. 인맥을 넓히려면 만남의 계기를 만들어야 한다. 해야 할 일들이 끊임없이 보인다.

일에 착수하기 전에 결과를 먼저 생각해야 한다. 그리고 오늘, 지금 무엇을 해야 하는지 생각해야 한다. 그것이 '자신이 설정한 목표'

에 도달하기 위한 설계도이다. 설계도에 따라 충실하게 실행하면 반드시 목표를 달성할 수 있다.

일을 잘하는 사람은 결과를 먼저 생각한다. 그리고 이를 바탕으로 적절한 설계도를 만든다. 생각 없이 무작정 열심히 한다고 좋은 결과가 나오는 것이 아니다. 좋은 결과가 나온다 해도 그것은 우연일 뿐이다. 우연히 작은 성공을 하는 경우는 있겠지만 큰 성공은 거둘 수 없다.

그런데 아무리 설계도가 있다고 해도 엉성하거나 조잡하다면 좋은 결과를 기대할 수 없다. 때문에 정확한 설계도가 필요하다. 그리고 설계도를 잘 그리려면 남보다 뛰어난 상상력이 필요하다. 상상력이 없으면 멋지게 완성형을 그릴 수 없다. 몇 년 후의 자신의 모습을 보다 구체적으로 상상하는 것, 모든 것은 여기부터 시작된다. 직장에 이상적인 선배가 있다면 그를 면밀히 관찰해 보자. 선배와의 비교를 통해서 자신과의 차이, 자신에게 부족한 점, 그것을 배우려면 어떻게 해야 하는지 알 수 있을 것이다.

1년 후 뿐만 아니라 5년, 10년 후의 자신의 모습까지도 상상력을 동원해서 그려 보자. 이제 당신의 인생은 크게 바뀔 것이다.

주도권을 잡으려면 머리를 쓰자

　　교섭할 때 가장 중요한 것은 '누가 주도권을 잡는가.' 하는 점이다. 주도권에 따라서 그 이후의 상황들이 크게 변하기 때문이다.

　　그렇다면 당신은 '주도권'의 진정한 의미를 아는가? 주도권이란 구체적으로 어떻게 정의할 수 있을까? 사전에는 '주장이 되어 어떤 일을 이끌거나 지도하는 권리'라고 나와 있지만 이것만으로는 의미를 파악하기 힘들다.

　　도대체 비즈니스에서 말하는 '주도권'이란 무엇일까?

　　연애하는 장면을 생각해 보자. 누가 주도권을 잡고 있었는지는 헤어지는 순간 밝혀진다. "헤어져도 상관없어."라고 아무렇지도 않게 말하는 사람에게 주도권이 있다. 교섭의 경우로 말하면 '먼저 깨도 상관없는 편'에 주도권이 있는 것이다. 사업상의 제휴에서도 마찬가지다. 제휴를 그만두더라도 손해가 적은 쪽이 주도권을 잡은 편이라고 생각하면 된다. 다시 말해 주도권을 잡기 위해서는 상대방에게 보다 큰 이익을 줄 필요가 있다는 말이다.

그런데 현실은 어떤가? '주도권을 잡는다=상대방보다 더 많은 혜택을 누린다'고 잘못 이해하는 사람이 많다. 나는 교섭을 할 때 반드시 7대 3 정도의 비율로 상대편에게 더 많은 혜택을 주도록 신경 쓰고 있다. 그러면 결과적으로 내 쪽에서 주도권을 잡을 수 있다.

세상 사람들은 많이 갖는 것을 이기는 것이라고 믿는다. 주도권을 잡으면 상대방보다 더 많은 이익을 얻으려고 한다. 그러나 그것은 이치에 맞지 않는다. 처음부터 상대방보다 더 많은 이익을 취하면 이후 상대방과의 교섭에서는 모든 주도권을 상대방이 잡는다는 사실을 기억하자.

상대방보다 많은 혜택을 취하는 시점부터 주도권은 상대방으로 옮겨간다. '주도권을 잡는다'는 것은 '상대방에게 더 많은 혜택을 주는 것'이다.

영업에서도 마찬가지다. 주도권을 잡지 못한 영업사원은 자신에게 할당된 매출만 생각한다. 따라서 주도권이 상대방 쪽으로 넘어가 버리고 결과적으로 머리를 조아리는 '비위맞추는 영업사원'이 된다. 또한 고객과 대등하게 이야기하고 싶다면 고객이 지불한 금액 이상의 혜택을 주어야 한다. '어떻게 하면 고객에게 더 많은 혜택을 줄 수 있을까?'라는 고민을 해야 한다.

주도권을 잡으면 분명히 실적도 오른다. 십만 원을 내고 이십만 원의 상품을 살 수 있는 조건을 거절할 사람은 없다. 사는 쪽에 항상 주도권이 있으라는 법은 없다. '팔아 준다'는 거만한 생각을 가질 필요는 없지만 고객이 "사게 해 달라."고 부탁할 정도의 지혜를 짜내자. 그때부터 당신은 '일 잘하는 영업사원'이 될 수 있을 것이다.

'실패'를 통해 배우는 자에겐 성공의 길이 보인다

흔히 "실패는 성공의 어머니"라고 말한다. 당연한 이야기 지만 정말 옳은 말이다. 실패해도 그 안에서 무언가를 배울 수 있다면 실패가 그리 나쁜 것만은 아니다. 이렇게 말할 수 있는 것도 나 역시 지금까지 여러 차례 실패를 경험했기 때문이다.

지금은 '요령 좋게', '일의 진행순서를 좋게'라고 누누이 말하고 있지만 사실 어린 시절부터 고등학생 때까지 요령이라고는 눈곱만큼도 없었다. 요령이 나빠서 공부를 못했고 운동도 마찬가지였다. 잘하는 것이 없어서 늘 어두웠고 그 탓에 친구도 없었다. 모두 지금의 내 모습에서는 상상이 안 된다고 한다.

나에게 요령이 없었던 것에는 원인이 있다. 성격 때문이다. 나는 남이 시키는 대로 하는 것이 정말 싫었다. 공부나 운동도 고집스럽게 내 방식을 고수했다. 그래서 시험을 봐도 성적이 나쁘고 운동실력도 늘 제자리였다. 아무리 말해도 제 고집을 꺾지 않았기 때문에 어쩔 수 없었다.

그러던 내가 남들처럼 공부하게 된 것은 미국으로 유학을 간 18세 이후부터다. 물론 당시는 정말 힘들었다. 공항에 도착해 보니 학교 가는 방법조차 알 수 없었다. 그리고 그 때 나는 처음으로 영어를 못한다는 사실을 깨달았다.

대학시절은 내 평생 유일하게 공부를 열심히 한 시절이었다. 시험성적에서 평균 70점을 넘지 못하면 일본으로 강제 송환되어도 좋다는 약속을 했기 때문이었다. 힘들게 부모님을 설득해서 유학을 왔는데 성적이 나빠서 강제 송환된다는 것은 말도 안 되는 일이었다. 따라서 그런 불상사만큼은 피해야 한다는 일념으로 공부했다. 산더미 같은 원서 속에 파묻혀 지낸 대학생활이었다.

미국유학은 또 다른 출발의 의미가 있다. 그때까지 나는 우리 집이 상당히 부유하다고 생각했다. 그런데 유학생활이 길어지면서 그렇지 않다는 것을 알게 되었다. 같은 일본유학생들 중에는 해마다 새 차로 바꾸는 친구가 있었다. 나는 주변 친구들의 윤택함에 압도당했지만 그들보다 능력이 뒤떨어진다고 생각하지는 않았다. 회사를 세워 성공하고 싶다는 나의 꿈도 아마 이 시기에 생겨난 것 같다.

유학을 마친 나는 24세 때 귀국하여 리쿠르트에 계약직으로 입사했다. 일본의 신입사원 채용사정을 모르고 3월에 돌아와서 4월부터 입사할 생각이었다. 그러나 신입사원 채용은 이미 끝난 상황이라 계약직을 뽑는 리쿠르트에 원서를 냈고 다행히 합격했다. 독립할 목적이었으므로 영업을 배울 수 있는 곳이라면 어디라도 상관없었다.

입사하고 처음 3개월 동안은 매출이 아예 없었다. "표정이 어둡다.", "목소리가 작다."는 지적을 받고 하는 수 없이 가르쳐 준 대로 매일 아침 열 번씩 발성연습을 했다. 이런 방법으로 무엇이 달라질까 내심 비웃고 있었지만 결과는 놀라웠다. 1년이 지나자 전국 신규매출 1등의 실적을 올렸다. 남의 말을 귀담아 들어야 한다는 사실을 그때 처음으로 깨달았다.

입사 2년이 채 안 된 25세 때 동료 다섯 명과 함께 독립을 선언했다. 회사의 입사 안내서를 작성하는 일을 하여 3개월간 매출이 4, 5천만 엔 정도였다. 거품경기의 기세를 등에 업고 회사는 잘 돌아갔다. 하지만 얼마 못 가서 문제가 나타나기 시작했다. 5년이 지나자 언제 망할지 모르는 심각한 상황이 찾아온 것이다. 자금 회전이 특히 어려웠던 2년 반 동안은 괴로움에 잠 못 이루는 나날이었다.

아슬아슬한 위기를 견디며 언제 어떻게 될지 모른다는 두려움에 휩싸였고, 내일을 버티려고 오늘 벌지 않으면 안 되는 절박한 상황에 놓였다. 기를 쓰고 하루하루 어떻게든 매상을 올리는 수밖에 해결책이 없었다. 정말이지 두 번 다시 겪고 싶지 않은 처절한 시기였다.

그러나 그 고통을 통해서 '이익을 올린다'는 영업만으로는 성공할 수 없다는 사실을 깨달았다. 리쿠르트 시절에 한 회사 오너로부터 "기업은 고객을 최우선으로 생각해야 한다."라는 말을 들었다. 부끄럽지만 그때는 무슨 뜻인지 이해할 수 없었는데 수많은 실패를 겪고 난 지금은 조금이나마 그 의미를 알 것 같다. 그것만으로도 값진 수확이다.

속았어도 성장의 밑거름이 되었다면 아깝지 않다

　　스스로 제법 노련한 경영자라고 자부하는 나조차도 남에게
속은 적이 한두 번이 아니다. 여러 사람을 만나는 직업 때문에 통찰
력은 꽤 있는 편이지만 나를 속인 상대방은 그보다 한 단계 위에서
일을 꾸몄기 때문이다.

　　당하면 누구나 분하기는 마찬가지다. 그러나 일단 화를 가라앉히
면 상대방에 대해서 생각할 수 있는 여유가 생긴다. 그래서 속여야
할 만큼 궁지에 몰린 상대방을 오히려 동정한 적도 있다.

　　실패와는 달리 "앞으로 이 일을 교훈으로 삼길 바란다."라고 말하
기에는 어려움이 있다. 남을 믿으면 안 된다는 것은 너무 잔인하고,
인생에 결코 도움이 안 된다고 생각하기 때문이다.

　　한번은 상대방의 인품에 끌려 도와준 적이 있다. 창업한 지 2년 정
도 된 회사의 사장이었는데 가끔 사원들을 모아 놓고 열변을 토한다

거나, 우리에게 가볍게 인사를 하러 오는 모습은 누가 봐도 따뜻한 느낌의 사람이었다. 그런데 그가 어느 날 갑자기 야반도주를 했다. 서로 일을 벌여 놓은 상태라 결제대금도 몇 백만 엔이 남아 있었다. 정말이지 평소에 좋은 말을 많이 하고 청렴한 인상이었기 때문에 그때는 충격이 컸다.

그뿐 아니다. 가장 괴로웠던 시기는 회사가 망하기 직전이라고 할 만큼 위태로운 상황일 때, 우리 회사의 전무였던 사람이 일 잘하는 사원 세 명을 데리고 나가 독립해서 회사를 차렸을 때다. 이사들이 전부터 "그 사람은 조심하게."라는 주의를 주었는데 이를 무시한 결과였다. 나는 함께 일하는 사람을 의심하기 싫었다. 지금은 그 일을 냉정하게 바라볼 수 있게 되었지만 만일 같은 일이 다시 벌어진다 해도 그때의 뼈아픈 실패경험을 활용할 수 있을지는 자신이 없다. 믿는 사람으로부터 배신당하는 것만큼 고통스러운 일은 없다.

그때 배운 사실은 상대방을 믿음으로써 오히려 나를 쉽게 배신하지 못하도록 만들어야 한다는 것이다. 겉치레만으로 회사를 경영할 수는 없다. 밤마다 잠을 이루지 못할 정도로 괴로웠던 시기였지만 그 쓰라린 경험을 극복해 냈기에 이만큼 성장할 수 있었다는 생각이 든다.

회사에 이익인 사람 회사에 손해인 사람

가장 심각한 불황은 '인재불황'

일본의 불황은 도대체 몇 년째 계속되고 있는 것일까? 미국의 경제학자가 '일본이 최고'라고 칭찬했던 그 일본은 도대체 어디로 갔단 말인가?

1983년 내가 처음으로 미국에 갔을 무렵, 일본은 미국에 버금가는 경제대국이었다. 광대한 땅도 풍부한 자원도 없는 작은 일본이라는 나라가 어떻게 미국과 어깨를 나란히 할 수 있는 힘을 갖게 되었을까? 그것은 우수한 '인재'라는 자원 때문이다. 오로지 단 하나의 자원만으로 일본은 세계 제2위의 자리에 오를 수 있었다.

전후 2, 30년을 지탱해 왔던 사람들, 지금까지 살아 있다면 80세를 넘었을 그들의 수준은 당시 세계에서 가장 뛰어난 인재였다고 해도 과언이 아니다. 전쟁에 패한 충격을 극복하고 '나라부흥', '풍요로운 사회'를 목표로 묵묵히 땀 흘린 사람들이 바로 그들이다.

그러던 일본이 현재는 왜 여기까지 추락했을까? 이유는 한 가지, 인재들의 수준이 떨어졌기 때문이다. 이제 일본인의 수준은 더 이상 세계를 주도할 만큼 우수하지 않다. 지금 세계에는 일본인보다 훨씬 근면하고 능력 있는 인재들이 많다. 일본은 불경기가 아니라 인재의 수준이 저하되었다는 사실을 자각해야 한다. 나라를 살리는 데 필요한 것은 인재교육 이외에 아무 것도 없다.

예전의 일본은 '물건을 잘 만드는 나라'였다. '근면함'과 '재주'를 무기로 세계에서 가장 뛰어나다고 할 만큼 물건을 잘 만드는 나라였다. 그러나 지금은 아시아의 여러 나라에 당해 낼 수가 없다. 모든 것이 풍요로운 시대에서 자란 지금의 젊은 세대가 과거와 같은 일을 할 수 없기 때문이다.

학교교육도 마찬가지다. '편하다', '안정적이다'는 것이 교직을 희망하는 이유가 되었다. 일본은 그런 사람들에게 미래를 짊어지고 나아갈 중요한 인재, 어린이의 교육을 맡기려 하고 있다. 어떻게든 이 흐름을 막지 못한다면 일본의 장래에는 희망이 없다.

불황은 유능한 인재를 만들 수 있는 절호의 기회

　　불황인 지금이야말로 훌륭한 인재를 키워 낼 수 있는 절호의 기회이다.

　극단적인 환경의 변화는 인격형성에 큰 영향을 미친다. 살펴보면 부모를 일찍 여읜 사람들은 대체로 착실하다. 자식 입장에서는 슬픈 일이지만 부모가 당신의 몸을 희생하여 자식의 인격형성에 공헌했다고 생각하면 부모의 죽음에도 의미가 있다.

　그런 관점에서 보면 지금의 일본도 비교적 견실한 인재가 나올 수 있는 상황이다. 불황 속에서 자란 지금의 학생들은 인내를 배우며 여기까지 왔기 때문이다. 그들은 은연중에 지금처럼 해서는 안 된다, 살아남으려면 무엇이든 하지 않으면 안 된다는 절박함을 배우며 자랐다.

　거품기에 취직한 사람과 비교해 보면 차이를 금방 알 수 있다. 거품기에는 구직활동을 나서기만 하면 최소 5, 6군데 회사로부터 내정 통보가 왔었다. 그러면 구직자들은 '휴일'을 고집하면서 주5일제 근무를 주장했다. 이렇게 사회생활을 시작한 거품기의 사람들은 힘든 상황이 되면 좀처럼 적응하지 못하고 힘들어한다.

지금까지 여러 차례 말했지만 내가 갖고 있는 지론 중의 하나는 '신입사원을 채용할 때는 발전 가능성이 있는 인재를 선택하여 회사가 키워 내야 한다'는 것이다. 늘 같은 일을 해서는 성장할 수 없다는 의식 있는 우수한 신입사원은 회사 전체의 사기를 높여 준다. 불황인 지금이야말로 신입사원으로 좋은 인재를 확보해야 할 시기이다.

앞으로 여러 해가 지나고, 십여 년이 지난 후에 지금의 불황 속에서 취직한 사람들이 사회를 어떻게 변화시켜 나갈까? 이것을 기다리는 것이 큰 즐거움이다.

믿을 수 있는 것은 자신의 가치와 능력뿐이다

필자는 해마다 몇몇 대학의 초청으로 학생들에게 '취직'에 관한 강의를 하고 있다. 그런데 취업담당자는 나에게 '면접에서 어떻게 대답하면 확실하게 내정을 받을 수 있을까?'에 관한 이야기를 해 달라고 부탁한다. 물론 나는 그때마다 "알았습니다."라고 대답은 하지만 실제로 그런 이야기를 한 적은 없다.

취직이 그렇게 중요한 것일까? 예전에는 취직자리에 따라서 인생이 바뀐다는 생각을 많이 했다. '조선업계로 가면 평생이 편하다, 철강업계도 괜찮다, 금융계는 천국이다.'라는 생각은 '경쟁에서 살아남을 수 있는 조직이 아니면 위험하다.'로 바뀌었고 그 후 '도요타', '소니'를 거쳐서 지금은 '취직이 인생에 있어서 그다지 중요한 일은 아니다.'로 바뀌었다.

물론 일하는 것은 중요하다. 인간은 일하지 않고 살 수 없다. 그러나 취직한다는 것은 '일'이라는 큰 문제가 내놓는 여러 가지 선택지 중의 하나에 불과하다.

대학 3학년이 되면 구직활동을 시작한다. 자신의 인생설계를 한 번도 그려 보지 않은 학생들조차 뒤처지지 않으려는 생각에 무작정 구직활동에 뛰어든다. 확실한 이유도 없이 지원회사를 선택한다. 지금까지도 대학 교수나 졸업생 취업담당자들은 "좋은 회사에 취직하면 성공한 인생이다."라고 말하는데 그런 거짓말로 학생들을 속여서는 안 된다.

세상은 변하고 있다. 업계라든가 업종이라든가 회사명으로 취직하는 시대는 이미 지나갔다. 구직활동도 그러한 변화에 맞추어야 한다. 어느 회사에 취직하는가 보다 자신의 가치를 올리는 편이 중요한 과제라고 말해 주어야 한다. 설령 취직한 회사가 없어져도 확실한 가치가 있는 인재라면 어디든 다시 들어가서 일할 수 있기 때문이다. 대기업도 언제 도산하게 될지 모르는 이런 상황에서는 기업에 의지하는 것보다 자기 자신에게 의지하는 편이 훨씬 안심할 수 있다.

자신의 능력에 천만 엔의 가치가 있다면 지금의 회사가 망해서 다른 회사로 옮기더라도 같은 천만 엔의 보수를 받으며 일할 수 있다. 하지만 회사에 의지하는 사람은 대부분 능력 이상의 보수를 받는 경우가 많다. 실제로는 3백만 엔의 능력을 갖고 있는 사람이 8백만 엔의 보수를 받고 있으면 회사가 망할 경우 무척 곤란하다. 다른 회사로 옮기면 3백만 엔의 보수로 일해야 하니까 말이다.

삶에는 수백 가지의 길이 있다. 어느 길을 선택해도 위험하기는 마찬가지다. 그러므로 자신의 가치를 높이고 자신의 능력만 의지하며 나가는 수밖에 없다. 사회로 나가면 거기에 놓인 길은 자신의 인생이다. 자신의 인생을 보다 멋지게 가꾸기 위해서 어떻게 살면 좋을까, 그것을 선택하는 것은 바로 자신이다.

14
당신의 꿈은 무엇입니까

　　구직활동을 하는 대학생들로부터 받는 여러 가지 질문 중에 내가 가장 대답하기 어려운 것은 "사장님의 꿈은 무엇입니까?"라는 질문이다. 꿈이 없어서 그런 것이 아니다. '하고 싶은 일'이나 '갖고 싶은 물건'은 얼마든지 있다.

　　그렇다면 왜 대답하기 힘든 것일까? 그것은 바로 '꿈'이 아니라 '목표'라고 생각하기 때문이다.

　　꿈과 목표의 차이점은 무엇일까? 결정적으로 다른 점은 실현하기까지의 과정이다. 목표는 어디까지나 실현하기 위한 것이고 거기에는 도달하기까지 시나리오가 있다. 그런데 꿈은 현실을 뛰어넘는 막연한 목표일 경우가 많다.

　　나는 꿈을 실현하기 위해서 우선 D-day를 정한다. 그리고 그 날까지 구체적으로 무엇이 필요하고 무엇을 해야 할지, 명확하게 과정을 세운다. 그 과정이 완성되면 꿈이 한층 현실로 다가온다. 꿈이 실현 가능한 '목표'로 변하는 순간인 것이다.

메이저리그 선수가 된 마쓰이도 초등학교 시절에는 프로야구 선수가 되는 것이 막연한 꿈이었을 것이다. 그러나 고시엔에 들어갈 무렵에는 그것이 목표로 바뀌었을지도 모른다. 마쓰이 선수에게 메이저리그 선수가 되는 것이 꿈에서 목표로 언제 바뀌었는지 개인적으로 무척 궁금한 부분이다.

꿈은 꿈만으로도 충분하다는 사람이 있다. 어떻게 보면 그런 꿈도 있을 수는 있다. 하지만 꿈을 목표로 삼지 않으면 절대로 실현할 수 없다. 꿈이란 목표의 핵과 같다. 막연한 꿈은 꿈으로 머물지만 실현하려는 의지가 있다면 실현을 향해서 움직이게 만들 수도 있다.

꿈을 목표로 하면 반드시 실현할 수 있다는 이야기는 아니다. 오히려 실현할 수 없는 꿈이 더 많을지도 모른다. 그렇지만 목표로 삼지 않는 꿈은 절대로 실현되지 않는다는 점을 기억해 주기 바란다. 힘들게 그려낸 꿈인데 한 번쯤 실현을 꿈꿔 보는 것은 어떨지?

꿈을 목표로 바꿀 수 있는 사람은 결국 당신 자신밖에 없다. 자, 당신은 지금 어떤 꿈을 그리고 있는가?